Mehr als nur ein Spiel

WIE MAN MIT HINGABE, EHRGEIZ UND MUT ALL SEINE TRÄUME VERWIRKLICHEN KANN – EIN INSPIRIERENDES FUßBALLBUCH FÜR KINDER AB 8 JAHREN

Mathis Bartholmy

Inhaltsverzeichnis

VORWORT

LIEBE LESERINNEN, LIEBE LESER,

Ich selbst habe jahrelang Fußball gespielt und tue es noch immer. Das liegt ganz einfach daran, dass der Fußball einem so unglaublich viel geben kann.

Damit meine ich nicht das astronomische Gehalt der großen Stars, vielmehr beziehe ich mich dabei auf die Werte, die der Fußball vermittelt, die Persönlichkeiten, die er formt, die wundervollen, aber auch unschönen Erfahrungen und Erinnerungen, die der Fußball schafft, die Freundschaften und das Miteinander, welches er fördert, die Bewegung, die er auslöst, und zu guter Letzt auf das Vergnügen und den Spaß, den der Fußball der Gesellschaft bietet.

Einer meiner Trainer sagte einmal, dass der Fußball die Schule des Lebens sei. Je älter ich wurde, desto besser konnte ich diese Meinung nachvollziehen.
Ich hoffe sehr, dass ich euch mit meiner Geschichte inspirieren kann und dass ihr durch die nächsten Seiten früher gewisse Dinge erkennt und lernt als ich damals.

Die Geschichte ist in drei Teile gegliedert, in welchen von unterschiedlichen Lebensphasen des Protagonisten erzählt wird.

Viel Spaß beim Lesen!

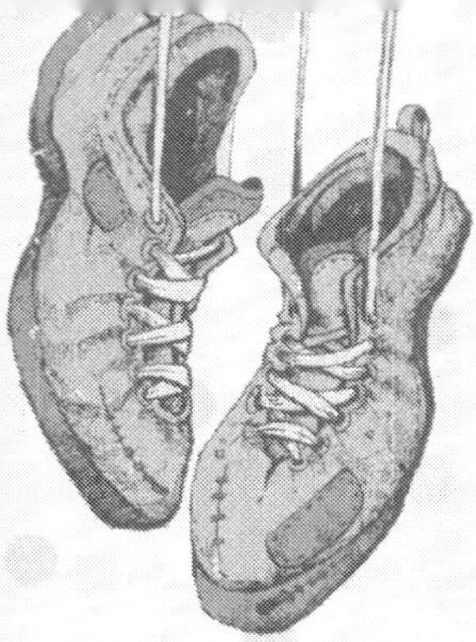

TEIL 1:
24/7 Fußball

VORNAME:	Leo
NACHNAME:	Schieber
ALTER:	8 Jahre
STERNZEICHEN:	Stier
AUGENFARBE:	braungrün
HAARFARBE:	braun
GRÖßE:	130 cm
SCHUHGRÖßE:	34
HOBBYS:	Fußball, mit Freunden spielen
BERUFSWUNSCH:	Fußballprofi

ICH MAG:

Fußball, Essen, meine Familie, meine Freunde, draußen spielen, im Sommer ins Schwimmbad gehen, im Winter ins Kino gehen, FSV Mainz schauen, Monopoly spielen, Playstation spielen

ICH MAG NICHT: streiten, verlieren, wenn man nicht nett ist, Erbsen

ESSEN: Pommes mit Schnitzel

TRINKEN: Wasser & Orangensaft

FARBE: Orange

SPORTLER: Arturo Vidal, Leandro Barreiro

BUCH: Iss dich zum Profi

MUSIK: /

FILM: Mr. Bean

MEINE BESTEN FREUNDE: Hannes

SCHULE: Harburger Grundschule

KLASSE: 2.

VEREIN: SV Harburg

RÜCKENNUMMER: 15

ICH WÜNSCHE MIR: Fußballprofi zu werden, gesund zu bleiben, viel Spaß mit meinen Freunden zu haben

STRAßE: Friedrichsstraße

ORT: Harburg

MEIN FOTO:

EIN GEWÖHNLICHER TAG IN DER SCHULE WIRD SCHLAGARTIG AUF DEN KOPF GESTELLT

„Fouuul! Hey, Schiri, das war doch ein glasklarer Elfmeter!", schrie Leo, während er seine Hände in den Himmel streckte und in die Richtung der Schiedsrichterin schaute.

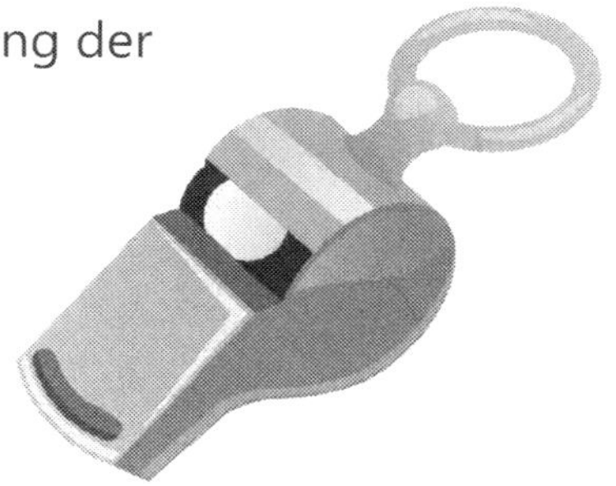

„Nein, Schwalbe!", entgegnete Hannes, Leos bester Freund, zornig und schaute ebenfalls gespannt auf die Schiedsrichterin.

„Also gut, das Team von Leo bekommt einen letzten Elfmeter und dann gehen wir rein", befahl die Klassenlehrerin, die sich das Fußballspiel am Spielfeldrand des Bolzplatzes anschaute.

Eigentlich war die 15-Minuten-Pause bereits vorbei. Die Lehrerin, Frau Ulrich, schenkte ihren Schülern aber öfters eine Nachspielzeit, weil sie genau wusste, wie viel Spaß die Kinder beim Fußballspielen hatten. Und obwohl es nur ein kleines Spiel in der kurzen Pause auf dem Bolzplatz des

Schulhofs war, hatte sich niemand geschont. Erst recht nicht Leo, der gar nicht daran dachte, auch nur einen Gang zurückzuschalten. An warmen Tagen wie diesem packte der Herzblutfußballer sogar immer ein Handtuch mit ein, um seine verschwitzten, etwas längeren Haare zu trocknen.

Leo schnappte sich als Erster den Ball, legte sich ihn auf den Elfmeterpunkt, der in Wahrheit nur sieben Meter von der Torlinie entfernt war, und zog mit voller Kraft ab. Der Ball flog in die rechte Ecke, platziert, aber vom Pfosten sprang der Ball wieder aufs Spielfeld.

„Neiiinnn!", schrie Leo, als hätte seine Mutter ihm gerade für immer Playstation-Verbot erteilt. Er fiel auf die Knie und schlug die Hände hinter dem Kopf zusammen.

„Da hat wohl wieder jemand zu viel Champions League geschaut", stichelte André, ein Klassenkamerad von Leo, der gerade im Tor stand.

„Klappe, André!", erwiderte Leo genervt und rappelte sich wieder auf. Beim Fußballspielen war Leo schnell mal auf 180, deshalb vergriff er sich dann auch ab und an im Ton. Nun ja, er war eben wie besessen, wenn es um Fußball ging. Neben dem Platz tobte und spielte Leo zwar auch

gerne, war aber generell mehr in sich gekehrt, als wenn er dem Ball hinterherjagte.
„So, jetzt gehen wir wieder in den Klassenraum", ordnete Frau Ulrich an, während sie versuchte, alle acht Kinder ernst anzuschauen. Innerlich schmunzelte sie aber, weil sie glücklich war, wenn die Kinder es auch waren.

Mit dem Ende des Fußballspiels waren Leos aufregendste Momente des Schultages zu Ende. Zwar war er ein fleißiger Schüler, zumindest noch zu diesem Zeitpunkt, aber die Freude des Fußballspielens zu übertreffen, war für Frau Ulrich und ihre Unterrichtsinhalte eine Sache der Unmöglichkeit.

Heute war Donnerstag, was hieß, dass die Schüler der zweiten Klasse nur bis zwölf Uhr Unterricht hatten. Nach einer Doppelstunde Mathe machte sich Leo mit Hannes, der hellbraune gelockte Haare und eine Stupsnase hatte, auf den Heimweg. Wie so üblich diskutierten die zwei Freunde über Fußball.

Als Leo und Hannes in die Straße bogen, in der sie wohnten, erblickte Leo bereits seine Mutter, die vor der Haustür stand und nach ihm Ausschau hielt.

„Hast du Ärger gemacht?", flüsterte Hannes Leo leise zu.

„Nein, ich denke nicht...", antwortete Leo nachdenklich. „Haben wir Ärger gemacht?", fuhr er fort, indem er das „wir" betonte.

„Nein, wegen des kaputten Blumentopfs haben wir ja bereits unsere Predigt erhalten", murmelte Hannes, der vermeiden wollte, dass Leos Mutter etwas von ihrem Gespräch mitbekam.

Leos Mutter war genau wie ihr Sohn eine freundliche Person mit einem guten Herzen. Wenn sie Leo aber schon vor der Haustür erwartete, hatte sie oft irgendetwas entdeckt oder aufgeschnappt, was sie nicht sollte.

Es war bereits öfters passiert, dass Leo und Hannes einen Blumentopf oder sonstige Gegenstände der Nachbarn kaputt gemacht hatten. Natürlich nicht mutwillig, aber da die Kinder in der Friedrichsstraße wenig Platz zum Spielen hatten, flog der Fußball manchmal dorthin, wo er auf keinen Fall landen sollte. Opfer der fehlgeschlagenen Flanken und Schüsse waren dann meistens die Vorgärten der Nachbarn.

Schließlich waren dann Leos oder Hannes Mutter, deren Familie nur ein paar Häuser weiter wohnte, die Leidtragenden, denn sie mussten sich letztendlich die Beschwerden der Nachbarn anhören. Im Regelfall beruhigten sich die Gemüter schnell wieder, denn die Nachbarn wussten ja, dass in der Friedrichsstraße nicht viel Platz zum Fußballspielen war. Und der nächste Sportplatz war außerdem mehr als eine halbe Stunde zu Fuß entfernt.

Nur Frau und Herrn Weiler war das egal. Die ließen ihr Garagentor extra ein kleines Stück geöffnet, wenn Kinder in der verkehrsberuhigten Straße spielten. Wenn dann ein Ball in Richtung Garagentor kullerte, rollte er in die Garage. Dort nahmen die Weilers den Ball und stachen ein Loch hinein, damit die Kinder nicht vor ihrem Haus weiterspielen konnten. So lautete zumindest die Legende der Kinder, die in der Friedrichsstraße lebten. Leo und Hannes

hatten dies selbst erst einmal miterlebt. Ob aber tatsächlich ein Loch in den Ball gestochen worden war, konnten sie nicht mit Sicherheit sagen.
Leo verabschiedete sich von Hannes und begrüßte seine Mutter wie immer mit „Hallo, Mama!“.

„Hallo, mein Junge. Wie war dein Schultag?“, fragte sie ihren Sohn mit funkelnden Augen und streckte ihre Arme aus, um Leo zu drücken.

„Wie immer... Ist sonst alles gut?“, fragte Leo zögernd, der die gute Laune seiner Mutter nicht ganz einschätzen konnte.

„Ja, sogar bestens! Ich habe etwas für dich, was dir sehr gefallen wird. Geh mal in die Küche und schau, was auf deinem Platz liegt“, sagte seine Mutter und lächelte ihn an.

Also schmiss Leo seinen Schulranzen in die Ecke und lief schnurstracks zur Küche, öffnete vorsichtig die Tür und spähte auf den Küchentisch – kein neuer Fußball, keine neuen Fußballschuhe und auch kein Schokocroissant. Aber gut, Leos Geburtstag und Weihnachten lagen auch schon etwas zurück.

Stattdessen sah der kleine Junge mit den braunen Haaren einen weißen Umschlag. Dann erblickte er ein Logo auf dem Umschlag, welches er kannte. Er kannte dieses Logo sogar sehr gut! Es bestand aus einem grünen Kreis mit dunklem Rand.

Leo konnte seinen Augen kaum trauen, aber als er sich dem Brief näherte, war er sich sicher. Er nahm den Brief in die Hand und blieb wie erstarrt stehen, nur seine weit aufgerissenen Augen blinzten aufgeregt.

„Ich muss doch träumen", flüsterte Leo völlig neben der Spur. Er hielt tatsächlich einen Brief vom DFB in der Hand. Und das konnte nur eins bedeuten: ein Probetraining an einem Stützpunkt.

Vor wenigen Wochen war Leo mit seinem Verein, dem SV Harburg, auf einem größeren Turnier gewesen, bei dem angeblich Scouts vor Ort gewesen waren. Dort musste jemand ihn beobachtet haben.

Leo, der am ganzen Körper Gänsehaut hatte, öffnete den Umschlag vorsichtiger, als er je zuvor ein Blatt Papier behandelt hatte, und zog den Brief heraus.

„Einladung zum Probetraining am DFB-Stützpunkt", las Leo die Überschrift im Stillen und drehte sich mit leuchtenden Augen aus seiner erstarrten Haltung um, zu seiner Mutter, die inzwischen hinter ihm stand.

„Mama, hast du gesehen?", fragte Leo seine Mutter und schaute in ihre blauen Augen. Noch immer stand Leo neben sich, er empfand zwar eine riesige Freude, aber sein Körper drückte sie nicht aus. Er hatte nicht etwa den Drang, in die Luft zu springen oder zu jubeln wie nach einem Tor, denn er wusste nicht recht, wie er mit dieser Freude umgehen sollte. Er fühlte nur, dass dieses Stück Papier ihn sehr berührte.

„Ja, Leo. Du fährst zum Probetraining!", bestätigte seine Mutter ihm und nahm ihn in die Arme.

Für Leo hätte es wohl keine schönere Überraschung geben können. Einmal im DFB-Trikot aufzulaufen, davon träumte der junge Fußballer schon, seit er denken konnte. Den restlichen Tag verbrachte Leo damit sich vorzustellen, wie das Training wohl ablaufen würde.

DIE ROLLE EINES LEADERS

Mittlerweile dachte Leo auch wieder an anderes als nur an das Probetraining.

Seine Vorfreude wurde aber keineswegs kleiner. Gestern, am Freitag, hatte er nur so vor guter Laune gesprüht. Nicht mal der Religionsunterricht, den er ansonsten so öde fand, hatte seine gute Laune in den Sand gesetzt.

Und heute war Samstag, zumindest für einen Großteil der Menschen. Für Leo aber bedeutete Samstag nur Spieltag. Die neue Saison hatte gerade erst begonnen. Leo spielte in seinem Dorfverein, dem SV Harburg. Dort kickte er unter anderem mit seinem besten Freund Hannes, der Leos Fußballleidenschaft teilte. Hannes motzte aber, im Gegensatz zu Leo, öfters auf dem Spielfeld, wenn mal etwas nicht so gut lief.

„Mama, fährst du mich heute zum Spiel? Oder Papa?", fragte Leo, der vor allem an Spieltagen schon morgens unter Strom stand.

„Ich fahre dich heute! Aber nur, wenn du ein Tor für mich schießt", scherzte seine Mutter, die gerade das Frühstück zubereitete.

Anschließend frühstückte Leo gemeinsam mit seiner Familie, Mutter Karina, Vater Christian und seiner älteren Schwester, Lara. Dann packte Leo seine Sportsachen. Wie immer kontrollierte er zweimal, ob er wirklich alles dabeihatte. Einmal hatte Leo nämlich seine Schienbeinschoner vergessen, woraufhin er die müffelnden Schoner vom Torhüter ausgeliehen bekommen hatte, die sogar schon vom Schweiß verfärbt gewesen waren. Seit diesem unangenehmen Erlebnis überprüfte er seine Tasche zweimal. Schließlich stiegen Leo und seine Mutter ins Auto und fuhren zum Harburger Fußballplatz.

Gerade, als er um die Ecke bog, um zu den Umkleidekabinen zu gelangen, erblickte er auch schon seinen Trainer Thomas, der ihn seit Beginn seiner Fußballkarriere trainierte. Das waren immerhin schon zwei Jahre. Für einen Achtjährigen war das bereits eine lange Zeit.

„Hey, Leo, komm mal her", rief Thomas, der selbst bei der Herrenmannschaft des SV Harburg spielte, seinen Schützling zu sich, der gleich zu ihm lief.

„Hallo, Trainer", begrüßte Leo ihn und streckte ihm die Hand aus. „Was ist denn?", fuhr er fort, während er darüber nachgrübelte, was sein Trainer ihm wohl zu sagen hatte.
Thomas lobte seine Spieler meistens, selten erhielten sie Bestrafungen, außer sie hatten Dummheiten angestellt. Bei Leo war das aber nie der Fall, er kam schließlich zum Training wegen des Fußballs und nicht, um Streiche zu spielen.

„Erinnerst du dich noch an die Wahl des Kapitäns vor zwei Wochen bei unserem ersten Training der Saison?", fragte Thomas.

„Ja", antwortete Leo kurz, wie so oft bei seinen Gesprächen mit dem Trainer. Thomas war zwar kein Profi, trotzdem hatte er eine Vorbildfunktion für den Jungen, und Leo bewunderte ihn sehr.

„Du weißt noch, dass du selbst auch zur Wahl stehen wolltest, oder?", fragte Thomas Leo.

„Ja", entgegnete Leo wieder nur knapp. Natürlich wusste er das noch, an dem Tag war Leo so fantastisch gelaunt gewesen! Er hatte nämlich gar nicht damit gerechnet, dass Thomas ihn fragen würde, ob er Kapitän werden wollte. Während der Spiele zeigte Leo zwar immer vorbildlichen Einsatz, aber er war kein Spieler, der sehr viel mit seinen Mitspielern kommunizierte.

„Gut. Ich habe die Stimmen der Wahl heute ausgezählt und es kam heraus, dass die Mannschaft dich als Captain haben möchte", berichtete Thomas, der stets eine kurze Trainingshose trug.

Für einen kurzen Moment zogen sich Leos Mundwinkel hoch zu einem breiten Lächeln, dann fielen sie aber wieder ruckartig zurück in die neutrale Ausgangsposition.
„Eh, ich weiß nicht ganz...", meinte Leo nachdenklich und senkte seinen Blick zu Boden. Zwar wollte er auf der einen Seite schon immer mal Kapitän sein, auf der anderen Seite mochte er seine Rolle als einsamer Abräumer auf der Sechserposition, wo er sich nur um sich und seine Gegner

kümmern musste. Er zweifelte daran, ob er wirklich Ansprachen vor dem Spiel halten und die Verantwortung für sein Team tragen wollte. Und was wäre, wenn seine Teamkollegen nicht auf ihn hörten?

„Ich weiß doch gar nicht, ob ich das Zeug dazu habe, ein guter Anführer zu sein", ergänzte Leo seine Antwort und hob wieder seinen Kopf.

„Weißt du, Leo, Menschen sind von Natur aus bequem und mögen es nicht so, Verantwortung zu tragen, weil dann im Regelfall immer jemand etwas zu meckern hat. Aber große Spieler und große Persönlichkeiten sind sich dessen bewusst. Trotz der Kritik gehen sie voran, um etwas Größeres, ein großes Ziel oder eine Vision zu erreichen. Auch sie machen Fehler und sind nicht perfekt, aber durch diese Fehler lernen sie und werden besser, so kannst auch du dich weiterentwickeln."

„Ja dann, eh... Dann muss ich überhaupt kein geborener Anführer sein?", entgegnete Leo mit neuem Mut.
„Nein, niemand kann alles, wenn er geboren wird, und nicht einmal im hohen Alter", bestätigte der Trainer seinem Spieler.

„Dann möchte ich doch Kapitän sein", äußerte sich Leo nun viel entschlossener und mit einem breiten Grinsen im Gesicht.

Nach dem Gespräch gingen Trainer und Schützling in die Kabine. Beim Begrüßen der Mitspieler verlor Leo kein Wort über die eben geführte Unterhaltung mit dem Trainer. Er mochte es nicht besonders, im Mittelpunkt zu stehen. Er war, wie immer vor einem Spiel, eher ruhig und in sich gekehrt. In solchen Momenten spürte er dieses Gefühl der Ungewissheit – er wusste nämlich nur selten, wie stark der Gegner war. Aber egal, wie gut dieser war, Leo gab sich nie geschlagen und maß sich mit jedem.

„Nun kommen wir noch zu einem anderen Thema", kündigte Coach Thomas an, nachdem er die Aufstellung erklärt hatte. „Diese Saison wird Leo unser Kapitän sein, so haben wir als Mannschaft per Abstimmung entschieden!", verkündete er feierlich der gesamten Mannschaft.

Es war einen Moment still in der Kabine, aber dann fing Hannes an zu applaudieren, und schließlich die ganze Mannschaft. Leo wusste nicht, wie er darauf reagieren sollte, er lächelte einfach, weil es jetzt zumindest alle wussten.

Nachdem es wieder ruhig geworden war, warf Thomas Leo die rot-weiße Kapitänsbinde zu. Daraufhin mahnte er die Mannschaft noch, dass sie Leos Entscheidungen respektieren sollte. Im Anschluss an die Ansprache machten sich die Spieler auf den Rasen. Leo ging noch einmal aufs Klo, dann zog er sich die Binde über seinen Arm, als wäre sie heilig, und bewunderte sich selbst im Spiegel.

„Wow", staunte Leo. Als er sich selbst im Spiegel sah, begriff er langsam, was eben geschehen war. Ihm wurde klar, dass er jetzt auf den Rasen sollte, schließlich musste er das erste Mal seinen Mut zusammennehmen, um seine Mitspieler zum Aufwärmen zusammenzutrommeln. Tatsächlich folgte jeder seinen Anweisungen, das war ein guter Anfang!

Etwas später ertönte schon der schrille Pfiff des Schiris. Schnell versammelten sich die Spieler noch in einem Kreis. „Ihr seid gut vorbereitet, Jungs! Jeder kämpft für jeden, habt Spaß und meckert nicht. Leo, willst du noch was sagen?", lauteten die letzten Anweisungen ihres Trainers, ehe das Spiel begann.

Alle Spieler standen nun dicht zusammengedrängt, Arm in Arm, in einem Kreis. Alle schauten erwartungsvoll auf Leo. Dieser wirkte etwas überrascht, da er sich gar keine Gedanken zu einem letzten Wort vor dem Spiel gemacht hatte.

EINE TEAMLEISTUNG

„Also, Jungs, die neue Saison beginnt heute. Lasst uns sofort den ersten Schritt in eine erfolgreiche Saison machen. Wir geben niemals auf, und jeder läuft für jeden!", feuerte Leo mit gebrochener Stimme, dafür aber mit Überzeugung, seine Mitspieler an.

Schließlich stellte sich der SV Harburg im 3-3-1 auf. Dann pfiff der Schiri die Partie an. Die ersten fünf Minuten waren sehr intensiv, beide Mannschaften spielten ein hohes und aggressives Pressing. Man konnte beide Teams als gleich gut einschätzen, aber der Gast in den weißen Trikots, der FC Folstein, hatte etwas, was Leos Team nicht hatte: einen superschnellen Stürmer mit einem starken Schuss. Glücklicherweise war das Spielfeld des SV Harburg nicht sehr lang, so konnte man dieses Problem vorerst in Grenzen halten.

Leo spielte sein gewohntes Spiel, er ackerte im Mittelfeld, setzte viele Akzente nach vorne und ließ sich von der anfänglichen Nervosität nicht weiter aus der Ruhe bringen.

Mittlerweile waren 20 Minuten vorbei, der SV Harburg war etwas besser im Spiel als sein Gegner. Dieser hatte zwar mehr Torchancen, aber die Abwehrkette der Hausherren stand ziemlich hoch. Das barg natürlich Gefahren. Dennoch kam es unerwartet, als der Mittelfeldspieler des FC Folstein einen langen Ball nach vorne schlug. Blitzschnell hatte sich der gegnerische Stürmer gelöst und lief alleine auf den Torwart zu. Er zuckte zweimal und dann legte er sich den Ball am Torhüter vorbei. Dieser war ausgeschaltet, aber der Winkel zum Tor wurde sehr spitz. Dennoch schaffte es der schnelle Stürmer abzuziehen und erzielte das 1:0!

„Ey, abseits!!!", klagten die jungen Spieler vom SV Harburg, aber ohne Erfolg. Das Tor zählte. So hatte sich das Team um Hannes und Leo den Start in die neue Saison natürlich überhaupt nicht vorgestellt.

„Los, Jungs, weiter jetzt!", rief Leo, als er sah, dass einige seiner Kameraden den Kopf hängen ließen. Sie mussten jetzt rasch den Hebel umlegen.

Nach dem erneuten Anstoß legten die kleinen Kicker vom SV Harburg richtig los! In wenigen Minuten erspielte sich das Heimteam mehrere Großchancen. Leider haderte es an diesem Tag etwas an der Chancenverwertung, daher ging es mit dem 0:1-Rückstand in die Halbzeitpause. Leo gab sich weiterhin Mühe, als Vorbild voranzugehen, und klatschte alle Spieler ab, um sie zu motivieren.

„Wir stellen jetzt um!", kündigte Coach Thomas mit ernster Stimme an. „Wir spielen nun mit zwei Spitzen, um mehr Präsenz im Strafraum zu haben, dann müsst ihr die Buden nur noch machen! Wir sind besser als die, glaubt mir. Holt euch euren Spaß wieder und zeigt ihnen, wer hier zu Hause ist!", ergänzte der Trainer seine Anweisung.

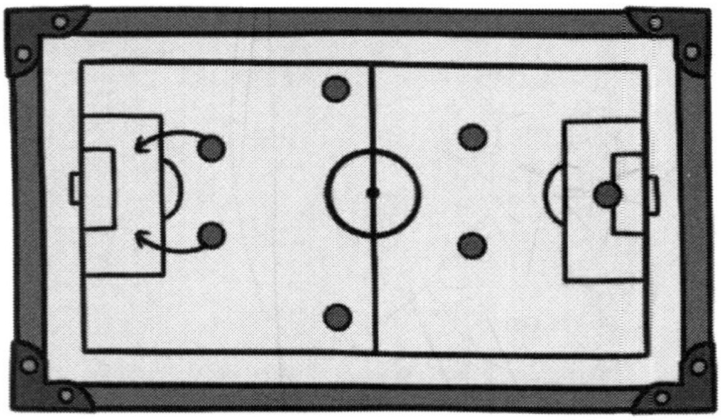

Die Spieler nickten, tranken einen Schluck Wasser und tuschelten etwas unter sich. Dann verließen sie wieder die Kabine. Währenddessen bemühte sich Leo darum, die Mannschaft auf die richtige Schiene zu bringen. Vor allem den Stürmern sprach er Mut zu, um öfters abzuschließen.

Zu Beginn der zweiten Halbzeit legte der SV Harburg noch einen Zahn drauf. Und dann, endlich, nach fünf Minuten

Spielzeit, schossen die Hausherren den verdienten Ausgleich. Über eine hervorragende Teamkombination erzielten sie das Tor.

Aber kaum rollte der Ball wieder, da raste schon der nächste gegnerische Angriff heran. Ausgerechnet Leo verspielte den Ball in der Mitte, dann folgte das übliche Mittel der Gäste: ein langer Ball auf ihren flinken Stürmer. Auch diesmal konnte dieser sich im Laufduell gegen die Innenverteidigung durchsetzen.

„Oh nein, bitte nicht", konnte Leo, der bisher so gut im Spiel gewesen war, nur noch beten. Dann zog der Stürmer ab, platziert in die untere Ecke.
Doch mit einer Weltklassereaktion konnte der etwas molligere Torwart vom SV Harburg den Ball von der Linie kratzen.

Weiter ging es, auf und ab. Das Spiel war nun wieder ausgeglichener, aber die Gäste hatten definitiv eine Geheimwaffe, die Leos Team nicht in den Griff bekam, nämlich den superschnellen Stürmer.
Schon brachen die letzten fünf Minuten an, und noch immer stand es unentschieden. Die Hausherren versuchten mittlerweile nicht mehr, mit allen Mitteln zu pressen, da

sie sonst wieder anfälliger für die brandgefährlichen Konter gewesen wären.

„Wie lange haben wir noch?", fragte Leo den Schiedsrichter, während er für eine Ecke in den Strafraum lief.

„Nachspielzeit", antwortete der Schiri knapp.

„Trainer, Trainer", rief der Torwart aus Leos Team. „Kann ich mit nach vorne?", bettelte er Thomas an. Dieser schüttelte bloß den Kopf, also ein klares Nein.
Dann kam die Ecke von Hannes rein, auf den Kopf eines Gegenspielers. Vorerst wurde der Ball geklärt, dann landete er aber vor den Füßen eines Spielers des SV Harburg. Dieser fackelte nicht lange und zog ab, der Ball landete glasklar an der Hand eines Gegenspielers.

In Sekundenschnelle standen die kleinen Kicker versammelt vor dem Schiedsrichter, der aber schon auf den Elfmeterpunkt zeigte.

„Yes!", hörte man Coach Thomas von der Seitenlinie, der vor Freude kleine Luftsprünge machte. Aber noch war der Ball nicht drinnen. Und wer sollte jetzt schießen? Irgendwie machte keiner Anstalten, die Verantwortung zu übernehmen.

Natürlich verspürte Leo jetzt den Druck zu schießen, denn er war nicht nur Kapitän, sondern auch einer der besten Schützen, aber trotzdem zögerte er.

„Los, mach schon!“, forderte Hannes Leo flüsternd auf.

Leo haderte einen Moment mit sich, ging dann aber zum Ball, schnappte ihn sich und lief damit zum Elfmeterpunkt. Er legte den Ball auf den Punkt – na ja, besser gesagt dorthin, wo mal einer gewesen war. Der Punkt war eine tiefe Schlammmulde, und Leo musste den Ball knapp daneben platzieren, damit der Schuss zählte, aber auch das war alles andere als ideal. Da zogen auf einmal die Horrorgedanken in seinem Kopf auf. Was wäre, wenn er den Elfer so verschießen würde wie neulich auf dem Schulhof? Wie würden seine Mitspieler reagieren? Gerade jetzt, wo er Kapitän ist.

Dann schaute Leo kurz zur Seite, holte tief Luft und nahm Anlauf. So oft hatte er Elfmeter auf dem Bolzplatz geübt. Immer zielte er in die untere rechte Ecke. Auch diesmal, aber plötzlich, in der Abschlussbewegung, rutschte er mit dem Standbein im Schlamm des Elfmeterpunktes aus. Sein linkes Standbein rutschte vor den Ball, gleichzeitig hatte er aber schon mit dem rechten abgezogen. Der Ball wurde also von seinem ausrutschenden linken Bein abgefälscht. Der Ball bekam dadurch allerdings eine spektakuläre Flugkurve und flog doch noch in Richtung Tor. Er flog hoch wie ein „Panenka", und der Torwart war schon geschlagen, da er auf die rechte Ecke spekuliert hatte. Erst meinte Leo, dass der Ball über die Latte fliegen würde, aber der Ball sprang von der Latte ins Tor!

Leo fiel wieder auf die Knie wie beim verschossenen Elfmeter in der 15-Minuten-Pause auf dem Schulhof. Nur ballte er diesmal die Hände zu Fäusten und jubelte. In Sekundenschnelle lag dann das ganze Team auf Leo. Alle jubelten, alle schrien, alle feierten den Sieg, als wäre es schon der entscheidende Sieg für die Meisterschaft gewesen.

„Super, Leo!", gratulierte Coach Thomas Leo nach dem Schlusspfiff und schloss ihn in die Arme. Es war zwar kein großes Kompliment, aber jede Anerkennung des Trainers machte Leo mehr als glücklich!

Den Tag ließ Leo beim Bundesliga-Topspiel ausklingen. Jetzt war sein Fokus nur noch auf eins gerichtet, und zwar auf das Probetraining am Dienstag.

DER GROßE TAG

„Zwei Uhr nachts", rutschte es aus Leos Mund, als er zum zigsten Mal auf den Wecker schaute, um zu wissen, wie spät es war. Morgen, beziehungsweise heute, war der wichtigste Tag in seiner bisherigen, noch jungen Fußballkarriere. Aber wie sollte er morgen früh seine Leistung abliefern, wenn er nicht schlafen konnte?

Der Treffpunkt war für 9:30 Uhr am DFB-Stützpunkt in Mainz vorgesehen, was bedeutete, dass Leo um sieben Uhr aufstehen musste, um pünktlich dort zu sein. Schließlich musste er noch etwas verdauen können, und aus der Friedrichsstraße, wo die Schiebers in einem Zweifamilienhaus wohnten, benötigte man ungefähr noch eine halbe Stunde mit dem Auto bis zum Treffpunkt. Selbstverständlich plante er die Ankunft 15 Minuten vorher, um ja nicht zu spät zu kommen!

Nach dem ständigen Herumwälzen im Bett und eine gefühlte Ewigkeit später war Leo endlich eingeschlafen.

Am Morgen wurde er langsam wach und streckte sich mit einem breiten Lächeln im Gesicht. Dieses Grinsen verzog sich aber ruckartig zu einem panischen Gesichtsausdruck. Wie konnte er schon wach sein und sich trotzdem so munter fühlen? Er hatte doch nicht etwa verschlafen!?

Leo riss die Decke von sich, sprang aus dem Bett und schaute auf den Wecker: 6:50 Uhr, erst! „Gott sei Dank", flüsterte Leo, während er erleichtert ausatmete und sich wieder aufs Bett sinken ließ. Er holte einen Moment Luft und ging dann quietschvergnügt in die Küche.

„Guten Morgen, mein Sohn", begrüßte seine Mutter ihn herzlich. Sie hatte sich heute extra frei genommen, um ihren Sohn zum Training zu begleiten.

„Na, bereit für heute?", begrüßte ihn auch sein Vater, der bereits am Frühstückstisch saß. Er konnte Leo nicht begleiten, da er zur Arbeit gehen musste.

„Moin, moin", grüßte Leo munter. „Klar", fuhr er fort, um seinem Vater zu antworten. Leo war zwar voll fokussiert, er wollte aber nicht dauernd über das Training reden. Also setzte er sich ebenfalls an den Tisch und versuchte, selbst nicht über Fußball zu sprechen, um sich abzulenken.

„Mama, wir müssen los!", rief Leo pünktlich um 8:45 Uhr durchs ganze Haus. So ging das immer bei den Schiebers: Leo rief und seine Mutter kam dann nach unten zur Garage geeilt. Die Abfahrtszeit teilte Leo seiner Mutter immer im Voraus mit, trotzdem war sie nie vor Leo abfahrbereit.

„Wie läuft das denn jetzt, Mama?", fragte Leo, während er seinen Blick auf seine Mutter richtete, die sich auf das Fahren konzentrierte.

„Habe ich schon mal ein Probetraining beim DFB gemacht?", scherzte sie, um Leos Aufregung etwas zu mildern. „Wenn wir ankommen, gehen wir gemeinsam auf das Trainingsgelände, und dann werden wir schon jemanden finden, der uns weiterhilft", beruhigte sie ihren Sohn.

Dort angekommen, packte Leo seine Tasche und ging schnurstracks auf den Trainingskomplex zu, ohne überhaupt auf seine Mutter zu warten, die ihm aber folgte. Der gesamte Komplex in Mainz war recht groß, er umfasste mehrere Spielfelder und Gebäude. Es sah aber so aus, als würde es nur einen Eingang geben, und dort entdeckte

Leo ein Schild: „DFB-Stützpunkt – Probetraining U9". Also huschte er direkt durch die Eingangstür und erblickte gleich eine Schlange, in der alle jungen Kicker standen, die sich wohl anmeldeten. Alle Kinder waren nämlich in seinem Alter und wurden ebenfalls von mindestens einem Elternteil begleitet. Also stellte auch Leo sich mit seiner Mutter an und wartete.

„Hallo, wie heißt du? Wo spielst du? Wie alt bist du?", begrüßte ein älterer Herr Leo sehr routiniert, als dieser mit seiner Mutter vorne bei ihm an einem provisorisch aufgestellten Tisch ankam.

„Schieber, Leo, ich spiele beim SV Harburg und bin acht Jahre alt", entgegnete Leo stolz.

„Gut, Leo, deine Teilnehmernummer lautet 47. Wenn die Trainer die Nummern aufrufen, musst du auf die 47 hören, klar?", vergewisserte sich der ältere Herr und schaute Leo in die Augen. Dann hob er seinen Blick, um sicherzugehen, dass auch Leos Mutter die Nummer mitbekommen hatte. Beide nickten.

Nachdem du dich in den Umkleiden umgezogen hast, gehst du aufs Spielfeld D und wartest, bis die Trainer kommen und das Training einleiten. Viel Erfolg!", fuhr der Mann trocken, aber freundlich fort. Er hatte schon einige Falten im Gesicht.

„Ok", bestätigte Leo kurz und nickte, dann suchte er mit seiner Mutter die Umkleiden.

Als sie die Umkleiden gefunden hatten, gab die Mutter Leo folgende Anweisung: „So, Leo, ich lasse dich jetzt alleine. Sobald du dich umgezogen hast, kommst du wieder raus und gibst mir deine Sporttasche. Ich schaue mir dein Training an und fange dich ab, wenn es fertig ist", erklärte sie ihrem Sohn fürsorglich.

„Ja, ja", antwortete Leo kurzangebunden und tat so, als wäre ihm sowieso bereits alles klar.

Nachdem sich Leo rasch umgezogen und seine Sporttasche abgelegt hatte, ging er gleich aufs Spielfeld D, ein großes Stück Kunstrasen, welcher sich ziemlich nah an den Umkleidekabinen befand. Dort traf er auf viele andere junge Kicker. Da waren mindestens 20 von ihnen, die sich schon den Ball hin und her passten.

„Wenn hier schon 20 Spieler sind, dann sind ja sicher über 100 hier", rechnete Leo die Teilnehmerzahl im Kopf aus. Es ging nämlich bis Spielfeld F, also gab es sechs Spielfelder.

„Wollen wir ein paar Pässe spielen?", fragte Leo etwas schüchtern einen anderen Jungen, der alleine mit einem Ball auf dem Spielfeld jonglierte. Der gleich große Junge willigte ein, und die beiden spielten still ein paar Pässe hin und her.

Ehe Leo ein Gespräch starten konnte, hörten sie einen lauten Pfiff. Als Leo sich umdrehte, sah er einen Mann in einem Trainingsanzug. Er trug eine schwarze Trainingshose von Adidas mit einer weißen Trainingsjacke. Auf die beiden Kleidungsstücke war das Wappen des deutschen Fußballverbandes genäht, genau dieses Logo wollte Leo auch unbedingt einmal auf seiner Brust tragen.

„Alle Spieler, die dem Spielfeld D zugeordnet worden sind, kommen bitte mal zu mir", trommelte der Trainer die Nachwuchskicker zusammen. Als alle versammelt waren, fuhr er fort: „Mein Name ist Marius Steiner, und ich bin für heute – und für wenige unter euch auch in der kommenden Zeit – euer Trainer. Das Training besteht aus drei Stationen, wir werden diese alle gemeinsam durchlaufen. Kurze Zeit später, nachdem das Training beendet worden ist, bekommt ihr mitgeteilt, ob ihr weiter an den Stützpunkteinheiten teilnehmen könnt oder nicht. Ich wünsche jedem viel Erfolg", erklärte der Trainer, der einen Dreitagebart trug, ihnen den Tagesablauf.

An der ersten Station arbeiteten die Spieler in Pärchen. Zuerst mussten die jungen Kicker Fünf-Meter-Pässe hin und her spielen, anschließend wurde die Übung etwas komplexer, und sie mussten beispielsweise den Partner umdribbeln.
Leo spielte zwar wenig trickreich, aber laut seinem Trainer Thomas musste man das auch nicht machen, um ein guter Fußballer zu sein.

Schließlich waren die Übungen an der ersten Station schon zu Ende. Hier konnte man sich nur wenig mit einer guten Leistung auszeichnen, aber das sollte sich noch ändern.

An der zweiten Station ging die Gruppe zusammen mit dem Coach in ein für 20 Spieler recht kleines Rechteck. Die Gruppe wurde in zwei geteilt, und beide Gruppen spielten anschließend gegeneinander. Das Team, welches zuerst fünf Pässe am Stück spielte, bekam einen Punkt. Während der Übung konnte Leo sogar ein paar Bälle erobern, was ihm weiter Zuversicht gab. In dem kleinen Rechteck war aber wenig Platz zu spielen, und die Spielphasen waren recht intensiv und hektisch, deshalb mussten die Spieler sich sehr gut konzentrieren, um keinen Ball zu verlieren. Aber gut, schließlich kamen hier einige der besten Kicker der Umgebung zusammen. Nach dreimal acht Minuten Spielzeit gewann Leos Team sogar mit acht zu sechs. Nun folgte nur noch das Abschlussspiel. Leo schätzte seine Erfolgschancen recht gut ein, wenn er noch im Abschlussspiel überzeugen konnte.

„Wer will den Ball? Derjenige, der am lautesten schreit, bekommt ihn!", so leitete der DFB-Coach das Abschlussspiel, welches auf einem Viertel des Spielfeldes mit zwei Toren ausgeführt wurde, ein.

„Iiichhh!", schrien die Nachwuchsspieler aus vollem Halse. Leo war etwas überfordert von dieser Aufgabe und wollte nicht gleich der Erste sein, der am lautesten schrie, dafür fühlte er sich noch nicht wohl genug in der neuen Umgebung. So kam nur ein sanftes „Ich" über seine Lippen, welches unter den anderen Schreien unterging.

Während des Spiels machte Leo keine großen Fehler, aber er kam auch nicht wirklich zum Zug. Das sanfte „Ich" war sinnbildlich für den weiteren Verlauf. Leo forderte den Ball einfach zu selten und war mehr darauf konzentriert, keine Fehler zu machen, als sich auszuzeichnen.

„Stopp!", rief der Trainer laut übers Spielfeld und beendete nach ungefähr zweimal 15 Minuten das Spiel.

„Versammelt euch bitte alle und setzt euch. Ich danke jedem für die Teilnahme am Probetraining. Die Hälfte von euch werde ich wiedersehen, den anderen wünsche ich jetzt schon viel Erfolg für die weitere Laufbahn", leitete der DFB-Coach die Verkündung der Entscheidung ein.

Er nahm einen Zettel aus seiner weißen Trainingsjacke und fuhr fort: „Gemeinsam mit meinen Assistenten, die euch von außerhalb des Spielfeldes beobachtet haben, haben wir uns dafür entschieden, dass folgende Spieler zu uns kommen dürfen."
Jetzt wurde es spannend. Genau auf diesen Moment hatte Leo, seitdem er vom Probetraining gewusst hatte, gewartet. Nach den ersten sechs Namen war Leos Name noch nicht gefallen. Langsam kam er ins Zweifeln. Er hatte zwar im Abschlussspiel nicht sehr überzeugt, aber an den

ersten zwei Stationen war doch zu sehen gewesen, dass er zur besseren Hälfte der Gruppe gehörte!?

„Henning Weynandt, Clemens Reuland, Max Weißer und der letzte Spieler, der zu uns kommt, ist Leo..." Leos Augen leuchteten auf, doch der Coach beendete den Satz mit „Leo Heller", und mit einem Schlag wurde dieses kurze überwältigende Glücksgefühl sofort wieder zerschlagen.

„An alle, die es nicht geschafft haben, bleibt am Ball. Ihr seid noch jung, und auch in Zukunft werden noch Scouts von uns am Spielfeldrand stehen. Wahre Gewinner nutzen einen Rückschlag als Antrieb. Zeigt uns mit euren Leistungen im Verein, dass wir mit unserer Auswahl falsch lagen", tröstete der DFB-Coach die ausgeschiedenen enttäuschten Spieler.
Aber diese Worte halfen Leo im Moment überhaupt nicht. Er saß wie die anderen gescheiterten Spieler noch auf seinem Platz und schaute traurig zu Boden, während die anderen Spieler sich freuten.
Als die Spieler schließlich zu ihren Eltern gingen, nahm Leo seine Tasche, die seine Mutter für ihn aufbewahrt hatte, und ging zur Umkleide. Auch auf dem Rückweg sprach Leo nicht, er lehnte seinen Kopf gegen das Fenster und schaute hinaus. Die ganze Zeit dachte er darüber nach, was er wohl falsch gemacht hatte, doch er kam zu keinem

erkenntnisreichen Fazit. Einzig sein etwas mangelndes Selbstvertrauen im Abschlussspiel könnte Grund für sein Ausscheiden gewesen sein.

TEIL 2:
AUS TRÄUMEN WERDEN ZIELE

In Teil 2 springen wir in Leos Geschichte vier Jahre nach vorne. Nun ist Leo nicht nur mehr der kleine Junge, der begeistert Fußball spielte. Mit der Zeit realisierte Leo nämlich, welche Chance er am DFB-Stützpunkt verpasst hatte. Dieses Scheitern trieb ihn aber in den letzten Jahren immer mehr an, vor allem auch dazu, alleine, also neben dem Mannschaftstraining, zu trainieren.

Die Jagd nach seinem so ersehnten Traum wurde definitiv konkreter, auch das Spiel an sich wurde etwas schneller, dynamischer und taktischer. Mit acht Jahren hatte er sich nicht einmal vorstellen können, seinen Heimatverein zu verlassen, in der letzten Zeit zog er diese Möglichkeit aber mehr und mehr in Erwägung, um die Chance zu erhalten, gescoutet zu werden.

In seinem Heimatverein war er jetzt auch schon – für einen Zwölfjährigen – lange Jahre Kapitän, und er war definitiv der beste und kompletteste Spieler.

DER TRANSFER?

„Boah, Papa, guck mal, Jonas Hector ist erst mit 20 Jahren von seinem Jugendverein zum 1. FC Köln gewechselt!", staunte Leo, als er gerade in der „Kicker"-Zeitschrift blätterte.

„Ja, Leo, du musst nicht schon mit zwölf Jahren in einem Nachwuchsleistungszentrum spielen, um Profi zu werden. Solange du an deinen Traum glaubst, kannst du ihn verwirklichen", ermutigte der Vater seinen Sohn.

Die Familie Schieber befand sich gerade auf der Rückfahrt aus ihrem Kurzurlaub. Um Leo auf der Fahrt zu beschäftigen, mussten die Eltern ihm lediglich eine Fußballzeitschrift in die Hand drücken, und schon war er in seine ganz eigene Welt eingetaucht.

Es war gerade August, und Leo befand sich mit seinem Verein SV Harburg, in dem er noch immer spielte, mitten in der Vorbereitungsphase. Die Familie Schieber war heute extra für Leo schon früh am Morgen aus dem Urlaub losgefahren, damit dieser beim heutigen Freundschaftsspiel dabei sein konnte.

Aber es war nicht irgendein Freundschaftsspiel. Der Gegner lag nämlich weit über der Leistungsklasse des SV Harburg. Es handelte sich um den SV Wehen Wiesbaden, der mit seinem Team aus dem Leistungszentrum nach Harburg kam. Wie es dem kleinen Dorfverein gelang, so einen Gegner zu empfangen, war noch nicht ganz klar. Auf jeden Fall hatte dieser keine lange Anfahrt und von den schwächeren Gegnern konnten die Wiesbadener profitieren, um taktisch einiges zu testen.

Das war Leo und seinem Team aber komplett egal, da sie nur äußerst selten gegen solche Gegner antreten konnten. Das erklärte auch, warum Leo, immer wenn er gerade nicht in die Zeitschrift schaute, irgendetwas quasseln musste: Das war wohl die Aufregung. Leo bewunderte nicht nur diesen Gegner, insgeheim hoffte er auch, dass er vom Wiesbadener NLZ gescoutet werden würde.

Zu Hause angekommen, sprang Leo sofort aus dem silbernen Wagen, packte seine Fußballtasche und prüfte ein zweites Mal, genauso wie früher, ob er wirklich alles dabeihatte.

„Leo, nun beruhige dich erstmal", ermahnte ihn seine Mutter, als sie sah, dass ihr Sohn schon wieder ungeduldig auf der Kellertreppe stand, um zum Spiel gefahren zu werden.

„Der Treffpunkt ist erst in einer halben Stunde, und wir brauchen nur fünf Minuten, also lass uns erstmal die Koffer auspacken!", vollendete die Mutter ihre Mahnung und warf ihrem Sohn einen ernsten Blick zu.

Kurz darauf fuhr sie Leo aber doch schon zum Spiel. Daher kam er als einer der ersten Spieler in der Kabine an. Bald war auch der Trainer eingetroffen, die Spieler zogen sich um, hörten sich die Ansprache ihres Trainers an und gingen aufs Feld.

Während die Harburger aufs Spielfeld marschierten, stupste Hannes Leo an: „Meinst du, wir haben eine Chance gegen die?"

„Solange wir an den Sieg glauben, ist er möglich", meinte Leo optimistisch.

„Ja, aber schau dir die mal an, das sind ja fast schon Profis", bemerkte Hannes, als sie die Spieler des SV Wehen Wiesbaden beobachteten, die schon vor den Hausherren auf dem Platz waren, um sich aufzuwärmen.

„Wir werden sehen, das ganze Team muss an den Sieg glauben", entgegnete Leo, drehte sich zu Hannes um und warf seinem besten Kumpel einen ernsten Blick zu.

Auf dem Platz angekommen, übernahm Leo das Aufwärmprogramm. Mittlerweile hatte er sich daran gewöhnt. Über die Jahre hinweg hatte er sich den höchsten Rang im Team erkämpft. Das war aber auch kein Wunder, da er inzwischen tagtäglich Individualtraining absolvierte. Kombiniert mit seinem eisernen Willen war Leo also ein richtig guter Kicker, eigentlich zu gut für den SV Harburg. Das wusste er auch. Und er musste früher oder später in ein anderes Team kommen, wenn er seinen großen Traum eines Tages verwirklichen wollte.

Nach dem Aufwärmen kamen die Spieler nochmal zusammen zur Bank, stellten sich im 4-4-2 auf und hielten fortan, so gut es ging, dagegen. Es sollte aber nicht lange dauern, bis der – nicht nur auf dem Papier – bessere Gegner das 0:1 erzielte. Die Mannschaft des SV Harburg bekam überhaupt keinen Zugriff auf das Spiel, Wiesbaden war ihnen einfach immer einen Schritt voraus. Und wenn die Hausherren sich mal den Ball erobert hatten, gab es keine Anspielstationen, da sie müde vom Hinterherrennen waren. Die logische Konsequenz war dann das 0:2 nach nicht einmal zehn Minuten.

„Ey, Jungs, reißt euch jetzt mal zusammen, oder möchtet ihr hier eine zweistellige Klatsche kassieren!?", rief Leo frustriert übers Spielfeld.

Dann folgte endlich mal eine Offensivaktion des SV Harburg, Leo schickte Hannes in die Tiefe, der wurde am Trikot festgehalten und bekam einen Freistoß. Die Distanz zum Tor war recht gering, also eine Chance, die die Harburger nutzen mussten. Leo nahm sich der Sache an, legte sich den Ball zurecht, atmete einmal tief ein und aus und nahm Maß.

„Jaaa!", schrie sich Leo den Frust von der Seele, als der Ball oben im Knick landete. Die Spieler liefen zu Leo und nahmen sich in die Arme.

„Jetzt greifen wir richtig an, Jungs!", nutzte Leo die Gelegenheit, um seinen Mitspielern Mut zuzusprechen. 1:2 stand es also nun. Der Anschlusstreffer kam recht überraschend, doch war nun wieder mehr möglich?

Kurze Zeit kam das Team um Leo tatsächlich besser ins Spiel, aber das beflügelnde Gefühl des Anschlusstreffers wurde leider schnell wieder durch das 1:3 zunichtegemacht. Sauber rausgespielt vom Gegner, keine Chance.

Die schlechte Nachricht war, dass erst knapp 20 Minuten lang gespielt worden war und es nicht so aussah, als ob der SV Harburg noch einmal die Kurve kriegte. Bis zur Pause kassierten die Kicker des Dorfvereins noch zwei Tore und gingen mit einem bitteren 1:5-Rückstand in die Kabine.

„Jungs, wir wissen, dass der Gegner uns überlegen ist, aber wenn wir uns wehren, können wir gegenhalten. Wir gehen jetzt wieder auf den Rasen und spielen, als stünde es 0:0. Jungs, ihr spielt nicht jeden Tag gegen so ein Team, also profitiert von dieser Möglichkeit!", betonte Coach Gerold, der die Jungs seit mehr als einem Jahr trainierte.

In der Tat kamen die Spieler des SV Harburg in ihren gelb-blauen Trikots besser aus der Halbzeitpause. Prompt erzielten sie einen Treffer, das 2:5, eine tolle Vorlage von Leo auf Hannes. Da sich die beiden außerhalb des Platzes so gut verstanden, harmonierten sie ebenso wunderbar im Team.

Die ersten fünf bis zehn Minuten der zweiten Halbzeit ging es wirklich Schlag auf Schlag. In dieser kurzen Phase spielte der kleine Dorfverein ebenbürtig mit! Auch die Fans beziehungsweise die Eltern am Spielfeldrand erkannten das und begannen, für gute Aktionen der Harburger zu applaudieren. So kamen doch wieder etwas Intensität und Spannung in die Partie.

Obwohl Leo viel hinterherlief, gab er nicht auf. Nach einem Duell in der eigenen Hälfte ergatterte er sich den Ball mit einer sauberen, spektakulären Grätsche. Dann zog er schnurstracks durch das Feld in die gegnerische Hälfte, spielte einen Gegenspieler aus, dann aber stand die ganze Viererkette noch vor ihm und er hatte keine Anspielstation. Aus 30 Metern Entfernung fasste er sich dann ein Herz und zog ab.

TOR!!! WAS FÜR EIN TOR!

Leos Mut wurde belohnt, und der Ball landete wieder im linken Knick, der Torhüter sprang zwar noch, hatte aber keine Chance. Leo warf die Arme in die Luft und sah zur Bank, zum Trainer und zu den Zuschauern herüber. Diese waren dank dieses Traumtreffers ebenso wie Leo komplett aus dem Häuschen.

Jetzt fehlten zwar noch immer zwei Tore bis zum Ausgleich, aber mit dieser gerade entstandenen Dynamik war dem SV Harburg doch wieder mehr zuzutrauen. Was für ein verrücktes Spiel!
Noch 15 Minuten zu spielen! Leo schickte Hannes wieder auf Reise, der tauchte plötzlich komplett blank vorm Torhüter auf, zog ab und verfehlte dann aber leider knapp.
Im Gegenzug kam der schwächelnde Gegner wieder zum Angriff. Die Hausherren waren noch nicht richtig gestaffelt – das nutzten die Gäste eiskalt aus und erzielten nach Flankenhereingabe per Kopfballtor das 6:3.

Das war der endgültige Knick für den SV Harburg. Die Spieler ließen die Köpfe hängen und schleppten sich mühsam zum erneuten Anstoß. Ab diesem Punkt ging aber nichts mehr, der Gegner erzielte noch zwei weitere Tore innerhalb von nur fünf Minuten! Aber einer gab noch nicht auf: Unermüdlich rannte Leo in der Mitte hin und her und sprang in jeden Ball, den er kriegen konnte. Am Spielverlauf änderte das allerdings nichts mehr. Als die letzten zwei Minuten anbrachen, lag der SV Wehen Wiesbaden mit 3:9 vorne. Die letzten Minuten wollten die Spieler des SV Harburg aber unbedingt ohne weiteren Gegentreffer überstehen, um eine zweistellige Klatsche zu vermeiden. Und das taten sie auch! Sie holten sogar noch einen Elfmeter raus, den Leo eiskalt verwandelte.

Schlussendlich pfiff der Schiri bei einem Stand von 4:9 ab. Alles in allem konnte der SV Harburg entsprechend der Situation zufrieden mit dem Resultat sein. Vor allem Leo, der seinen ersten Hattrick überhaupt erzielt hatte, und das gegen so einen Gegner!

Ehe die Spieler in die Umkleide gingen, klatschten sie sich noch ab. Auch den Wiesbadener Trainer klatsche Leo ab. Als er dann fast an ihm vorbei war, hielt der Trainer der Gäste ihn plötzlich an: „Sag mal, du hast echt was drauf, Kleiner!", lobte der Wiesbadener Coach Leo, während er ihm auf die Schulter klopfte.

„Danke vielmals", bedankte sich Leo und strahlte über das ganze Gesicht, trotz der hohen Pleite!

„Hast du schon mal an einen Vereinswechsel gedacht?", fragte der Trainer ihn neugierig.

„Ähm, nun ja, eigentlich schon", antwortete Leo zögerlich. „Bisher ist es aber noch nicht dazu gekommen", fügte er hinzu und schaute den Trainer erwartungsvoll an.

„Na, dann wird es Zeit, dass du handelst, je früher du auf einem hohen Niveau spielst, desto besser stehen deine Entwicklungschancen", erklärte der Wiesbadener Coach.

„Ja, ich verstehe, danke", antwortete Leo. Dann schaute er den Trainer noch eine Sekunde an und wollte fragen, ob er nicht mal an einem Probetraining bei den Wiesbadenern im NLZ teilnehmen könnte.

Doch in dem Moment tätschelte der Trainer Leo über den Kopf und verabschiedete sich.

„Mist!", dachte sich Leo. Er überlegte kurz, nochmal zurückzugehen, aber wenn der SV Wehen Wiesbaden Interesse an ihm gehabt hätte, hätte der Trainer ihm sicher sofort etwas angeboten.

Aber der Wiesbadener Coach hatte recht, das Thema „Vereinswechsel", das ihm schon seit einiger Zeit durch den Kopf ging, beschäftigte ihn tatsächlich sehr. Bisher hatte er aber noch nicht den Mut gehabt, um etwas in dieser Hinsicht zu unternehmen.

„Hey, Leo, was hast du mit dem Trainer der Wiesbadener besprochen?", fragte Hannes und lief aufgeregt zu Leo, als sie auf dem Weg zu den Kabinen waren.

„Na ja, er meinte, ich hätte das Zeug dazu, um höher zu spielen...", antwortete Leo.

„Und dann hat er dir ein Probetraining in seiner Mannschaft angeboten?", wollte Hannes den Satz beenden.

„Nein, leider nicht", seufzte Leo. „Aber der Trainer hat wohl recht, wenn ich mal höher spielen möchte, sollte ich mich mit einem Wechsel befassen. Auf der anderen Seite fühle ich mich hier wohl. Hier kann ich mit dir spielen und mit all unseren Freunden", teilte Leo Hannes seine Bedenken mit.

„Das stimmt schon. Aber meinst du, du wirst uns verlassen?", fragte Hannes seinen besten Freund, blieb stehen und schaute ihn an.

Leo räusperte sich: „Ja, ich denke schon. Ich muss den Schritt wagen, obwohl ich mich hier wohlfühle."

Hannes sah Leo etwas traurig an, nickte dennoch verständnisvoll, senkte den Kopf und ging dann gemeinsam mit Leo in die Umkleide.

ALLER ANFANG IST SCHWER!

Auf dem Rückweg erzählte Leo auch gleich seiner Mutter von der kurzen Unterhaltung mit dem Wiesbadener Trainer. Schließlich fragte er sie: „Glaubst du, ich soll wechseln, Mama?"

„Ich sehe auch, dass du gut spielst und dass du deinen Teamkollegen einen Schritt voraus bist. Aber schlussendlich überlasse ich dir die Entscheidung, weil es deine Fußballkarriere ist. Du weißt aber, dass ich dich in allem unterstütze", versicherte die Mutter ihrem Sohn und streichelte ihm über die Schulter.

Zu Hause angekommen, fühlte Leo ein emotionales Durcheinander. Er hatte zwar eine heftige Pleite kassiert, auf der anderen Seite war der Gegner eine NLZ-Mannschaft gewesen und zudem hatte er seinen ersten Hattrick geschossen. Die Kirsche auf der Torte war definitiv die Anerkennung des gegnerischen Trainers gewesen. Das Geschehen ließ Leo einfach nicht los. Selbst, als er im Bett lag und schlafen wollte, drehte er sich hin und her, bis er schließlich aufstand, hinaus in den Flur ging und sich sein Handy schnappte. Dort lag sein Handy immer, weil es die Eltern so wollten und Leo es auch für sinnvoll hielt.

Vor einiger Zeit hatte er sich ja schon einmal mit dem Thema „Vereinswechsel" beschäftigt. Damals hatte er nach Vereinen gesucht, die höher spielten und in die er es aus eigener Kraft schaffen könnte. Ein Probetraining bei einem NLZ zu bekommen, war nämlich schwierig bis unmöglich. Damals war er auf den FSV Fernwald gestoßen, der mit der Herrenmannschaft in der Oberliga spielte. Auch die Jugend war recht gut unterwegs. Und für die Kontaktaufnahme hatte er schon einen Plan parat. Er folgte nämlich einem Jugendtrainer des FSV Fernwald auf den sozialen Medien, dieser postete oft diverse Ausschnitte aus dem Training. Davon war Leo begeistert! Theoretisch konnte er also nun dem Trainer des FSV Fernwald eine Nachricht schreiben und fragen, ob er mal mittrainieren durfte. Was sollte schon groß schiefgehen?
Die Mannschaft und der Trainer des SV Harburg würden ihm sicher verzeihen. Da er nichts zu verlieren hatte, klickte er auf den „Nachricht senden"-Button. „‚Hallo, Herr …'", begann Leo zu tippen. „‚Herr …', das klingt doch blöd,

ich nenne ihn besser sofort beim Namen. ‚Hallo, Mario, wir kennen uns nicht, aber…'", begann Leo erneut. Während des Schreibens kam er allerdings immer mehr ins Grübeln. „Das klingt doch voll komisch!" oder „Wer macht schon sowas?", dachte er sich.

Eine gute Zeit später gelang es ihm trotzdem, eine seiner Meinung nach akzeptable Nachricht zu schreiben: „Hallo, Mario, wir kennen uns nicht, aber ich folge Ihnen schon seit längerem und bin begeistert von Ihrer Arbeit als Trainer. Ich spiele aktuell beim SV Harburg, möchte aber unbedingt höher spielen. Denken Sie, es wäre möglich, mal bei Ihnen mitzutrainieren? Liebe Grüße, Leo". So lautete seine Nachricht. Mit einem Klick war sie dann auch schon versendet.

Nun konnte er das Handy mit gutem Gewissen weglegen. Er fühlte sich mit seinem Vorgehen etwas unsicher, aber der Drang, den Verein wechseln zu müssen, und seine Hoffnung waren stärker!
Als Leo morgens langsam aus seinem tiefen Schlaf erwachte, riss er plötzlich seine Augen auf. Er hatte gestern dem Trainer des FSV Fernwald geschrieben! Ihm war gar nicht bewusst gewesen, dass er wohl bald eine entscheidende Antwort erhalten würde. Also sprang er aus dem

Bett, schnappte sich sein Handy, schaltete das WLAN an und schaute gespannt auf seine Nachrichten.

Tatsächlich, Mario hatte ihm geantwortet! Wie fremdgesteuert öffnete er die Nachricht. „Hallo, Leo, danke für deine Nachricht. Ja, du kannst einmal bei mir mittrainieren." Da grinste Leo über das ganze Gesicht. Gleichzeitig blieb er aber gefasst, wie damals, als er den Brief des Stützpunktes erhalten hatte. Er freute sich zwar sehr, aber aufgrund der noch bestehenden Ungewissheit blieb er fokussiert.

An diesem Morgen schrieb Leo sich noch ein paar Nachrichten mit Mario hin und her, und kurze Zeit später stand der Termin fürs Probetraining: Nächste Woche Dienstag sollte es so weit sein!

Die restlichen Tage dieser Woche verbrachte Leo wie üblich mit der Schule – mittlerweile war er schon im Gymnasium – und natürlich mit Fußballspielen. Außerdem musste Leo mit seinen Freunden die letzten Sommertage auskosten.

Wenige Tage später war es bereits so weit. Er war auf dem Weg zum Gelände des FSV Fernwald, im Bus, da er es ganz einfach mit der Buslinie erreichen konnte. Je weiter der Bus fuhr, desto unwohler fühlte sich Leo. Er hörte Musik, um sich etwas abzulenken.

„Hey, wo geht's zur Umkleide für die U13?", fragte Leo einen jüngeren Spieler mit einem Fernwalder Rucksack, der an ihm vorbeiging, als er gerade das Trainingsgelände erreicht hatte.

„Hier an der Laufbahn entlang, und dann befinden sich die Kabinen unter der Tribüne", antwortete der Knirps Leo.

Leo bedankte sich und folgte ihm. Er betrat eine Art Stadion: In der Mitte befand sich ein schöner Rasen, außen herum eine Laufbahn, und an der Seite war eine kleine Tribüne mit mehr oder weniger zehn Reihen aufgebaut, dort sollten also die Kabinen sein.

Als er kurze Zeit später dort eintraf, sah er schon Trainer Mario im Flur: „Hey, du musst Leo sein, stimmt's?", grüßte ihn der Trainer, während er ihm die Hand reichte.

„Ja, der bin ich", antwortete Leo ernst, fast ein wenig schüchtern, wie so oft, wenn er in einer ungewohnten Umgebung war.

„Freut mich. Die Umkleiden sind hier rechts um die Ecke. Alle müssen um 18 Uhr draußen sein. Bis gleich", erklärte ihm Coach Mario.

Leo hatte mit etwas mehr Austausch gerechnet, aber gut, er war ja erstmal nur zum Probetraining hier.

Als Leo die Umkleide betrat, wollte er am liebsten gleich wieder raus. Die Umkleide war nämlich zum einen überfüllt – dort waren mindestens 15 Kicker auf einer Fläche so groß wie sein Zimmer –, zum anderen war es sehr laut. Einige machten Blödsinn und schrien herum, andere plauderten miteinander, aber niemand beachtete Leo.

Also kämpfte er sich durch die dicht gedrängten neuen Teamkollegen: „Hey, ich bin Leo", begrüßte er jeden und gab ihnen die Hand. Zumindest grüßte ihn jeder zurück, aber die Spieler schienen es gewohnt zu sein, neuen Gesichtern zu begegnen, denn keiner machte einen besonders interessierten Eindruck.

Leo setzte sich in eine freie Ecke, zog sich still um und verschaffte sich einen Überblick über die aufgedrehten Jungs. Das Gefühl des Unwohlseins verschwand selbst dann nicht, als die Mannschaft auf dem Rasen stand. Es war aber auch das erste Mal, dass Leo sich freiwillig in so eine neue Umgebung begab, bisher war sein größter Wechsel in solch einem Zusammenhang der von der Grundschule aufs Gymnasium gewesen. Dank ebendiesem Wechsel aufs Gymnasium wusste er aber, dass der erste Tag beziehungsweise die ersten Momente immer am schwierigsten waren. Nachdem man die ersten Leute dann kennengelernt hatte, wurde es viel leichter.

„Heute trainiert Leo mit uns, seid nett zu ihm und nehmt ihn gut auf!", verkündete Coach Mario, als die Mannschaft vor Beginn des Trainings in einem Kreis versammelt war.

Was vorhin in der Umkleide nicht der Fall gewesen war, traf jetzt ein: Einen kurzen Augenblick waren alle Augen auf Leo gerichtet. Der musste die Blicke nicht mal sehen, um sie spüren zu können. „Wenigstens wissen sie nun, wer ich bin", dachte sich Leo.

Das Training verlief recht gut. Jetzt fühlte sich Leo auch wohler, da er sich wieder voll auf sich selbst konzentrieren konnte. Nach dem Training kam Coach Mario zu Leo und meinte: „Für dein erstes Training war das ganz in Ordnung. Wir können gerne in Kontakt bleiben, und dann schauen wir, ob beide Vereine eine Lösung für dich finden", teilte ihm der Trainer mit.

„Es war ganz in Ordnung…", dachte Leo sich nur, während er nickte. Beim SV Harburg hatte er fast schon einen Legendenstatus inne, zumindest in seinem Team, und jetzt musste er sich wieder als einer von vielen in die Mannschaft eingliedern und sich beweisen.

„Hey, Leo, wo hast du gespielt?", fragte ihn Till, einer der begabtesten Spieler aus dem Fernwalder Team, als die Mannschaft wieder in der Umkleide war.

„Beim SV Harburg", antwortete Leo, froh darüber, dass ihn endlich jemand etwas gefragt hatte.
„Na, kein Wunder, dass du zu uns kommst", äußerte sich Till in einem leicht spöttischen Ton.

Darauf reagierte Leo nicht, denn er wusste nicht, wie er dies hätte tun sollen. In Harburg hätte sich niemand so etwas getraut. Mit gemischten Gefühlen machte sich Leo schließlich auf den Rückweg.

Wieder mal lag er am Abend im Bett und konnte nicht einschlafen. Er drehte sich hunderte Male von einer Seite auf die andere, aber die Gedanken ließen ihn nicht los. Sollte er wirklich zu diesem neuen Verein wechseln? Oder wäre es doch besser für ihn, beim SV Harburg zu bleiben?

DER RASANTE AUFSTIEG

Seit dem Probetraining beim FSV Fernwald waren einige Wochen vergangen. Inzwischen war Leos Entscheidung also auch gefallen. Er hatte sich letztendlich für den Wechsel zum FSV Fernwald entschieden, obwohl das erste Training alles andere als angenehm gewesen war. Leo und Coach Mario hatten sich auf eine Probewoche geeinigt. Das bedeutete, dass Leo an allen drei Trainingseinheiten innerhalb einer Woche teilnahm, sodass er sich einen guten Überblick verschaffen und sich nochmal davon überzeugen konnte, die richtige Wahl getroffen zu haben. Nicht zuletzt waren es die Worte des Wiesbadener Trainers gewesen, die ihn zu diesem Wechsel trieben.

Zwar war der Anfang für Leo etwas unangenehm gewesen, vor allem, wenn es darum ging, sich in die Mannschaft zu integrieren und sich einen gewissen Respekt zu verschaffen, aber nach gut einem Monat konnte er mit der Situation leben.

Heute, an einem milden Herbsttag im Oktober, fand das erste Turnier für Leo in seinem neuen grün-weißen Trikot statt.

„Schaust du dir das Turnier an?“, fragte Leo seinen Vater emotionslos während der Hinfahrt zum Turnier.

„Ja, Leo, ich will ja nicht dein erstes Spiel in deinen neuen Farben verpassen“, antwortete ihm sein Vater fröhlich.

„Ok“, seufzte Leo freudlos und schaute aus dem Beifahrerfenster.

„Freust du dich denn nicht?“, hakte sein Vater verwundert nach.

„Doch, aber ich habe nicht mehr den gleichen Spaß, seitdem ich nicht mehr mit meinen Freunden kicke. In der neuen Mannschaft ist alles viel härter, es herrscht viel mehr Konkurrenz, und das spürt man auch in der Kabine“, erläuterte Leo.

„Ja, Leo, aber du weißt, warum du den Schritt zu einem höheren Verein gemacht hast. Bei so einem Wechsel ist es normal, dass du Zeit brauchst, um dich anzupassen, aber du darfst während dieses Prozesses nie vergessen, dass du wegen des Spaßes am Fußball angefangen hast. Viele vergessen dies und hören dann mit dem Fußball auf", merkte der Vater an.

„Hm, wenn du meinst", erwiderte Leo und dachte die restliche Autofahrt über die Worte seines Vaters nach.

Am Treffpunkt stieg Leo aus dem Auto und ging mit seinen neuen Teamkameraden zu den Umkleiden – oder besser gesagt in Zelte mit Bierbänken.

„Was für Loser, die haben nicht mal ordentliche Umkleiden", meckerte Till, der sich schon in Leos Probewoche als arroganter und launischer Junge erwiesen hatte.

„So, Jungs, zieht euch an, die Aufstellung besprechen wir auf dem Feld. Unser erstes Spiel beginnt schon in 15 Minuten. Ich warte da vorne vor Spielfeld B auf euch", gab Coach Mario bekannt, weil er wusste, dass er ein paar kleine Stars in seiner Mannschaft hatte, die hier und da noch an den Schuhen oder ihrem Outfit herumbasteln mussten, damit auch alles super ausschaute, wenn sie aufliefen.

Es wurde auf einem Viertel eines großen Spielfeldes gespielt, mit sieben Feldspielern. Auf dem Spielfeld B angekommen, wurden sie schon wie versprochen von ihrem Trainer erwartet, der sofort loslegte: „Also, Jungs, wir spielen in einem 3-1-2. Luke wie immer im Tor, die Dreierkette bilden Malek links, Hendrik rechts, Josh, du zentral in der Mitte, vor dir spielt Leo als einziger Sechser. Gib mir ein Zeichen, wenn du müde bist, weil du viel wirst laufen müssen. Vorne links spielt Till, rechts Elias, ihr beide arbeitet auch mit zurück, alles klar!?" Das ließ sich Coach Thomas, der sehr autoritär war, von seinen Schützlingen durch ein Kopfnicken bestätigen.

Leo konnte jetzt also endlich wieder seine Rolle als einsamer Abräumer vor der Abwehr erfüllen, wie damals, als er mit dem Fußball begonnen hatte, ohne die verantwortungsvolle Rolle des Kapitäns innezuhaben. Also war es wenig erstaunlich, dass Leo auch gleich im ersten Spiel eine starke Leistung brachte. Als Bindeglied zwischen Angriff und Verteidigung machte er einen fehlerfreien Job, gekrönt wurde das von seiner starken Abwehrleistung! 4:1

gewann der FSV Fernwald am Ende, mit einem Tor und zwei Vorlagen von Leo.

„Das wird ja doch noch was mit dir", scherzte Till, der einen Doppelpack geschnürt hatte, als er Leo abklatschte. Inzwischen war dieser an das blöde Gelaber von Till gewöhnt. Till versuchte nämlich bloß, witzig zu sein, obwohl die wenigsten über seine Witze lachten. Im Endeffekt meinte er es aber nicht böse, also war alles in Ordnung.

Das zweite Spiel starteten die Spieler von Coach Mario mit der gleichen Aufstellung, auf der Reservebank saßen aber auch nur drei Spieler. Erneut überzeugte das Team, insbesondere Leo, auf ganzer Ebene! Verdiente und deutliche drei Punkte gab es durch einen 2:0-Erfolg.

Als Coach Mario sie nach dem Spiel zusammenrief, um zu „reden", schauten sich die jungen Kicker fragend an.

„War ihm das Spiel nicht gut genug?", fragte Leo Elias, den zweiten Stürmer neben Till, während sie dem Trainer hinter die Tribüne folgten, wo sie eine ruhige Ecke fanden.

„Ich habe euch etwas Wichtiges zu sagen", begann Coach Mario. „Es sind gute Nachrichten. Wir wurden nämlich bei den ersten beiden Spielen beobachtet. Ein Scout des 1.

FSV Mainz hat mich eben angesprochen. Er sucht Spieler für ein kommendes Probetraining in ihrer U13. Er meinte, dass er gleich drei Spieler von uns interessant findet, Till, Elias und Leo. Nach den Gruppenspielen unterhalte ich mich nochmal mit dem Scout. Also zeigt euch weiterhin von eurer besten Seite!"

Leo realisierte erst gar nicht, wovon sein Coach sprach, aber als er sich die Worte nochmal durch den Kopf gehen ließ, begriff er, was eigentlich gerade passiert war. Ein Bundesligascout hatte sein Talent beziehungsweise sein Können, das er sich antrainiert hatte, erkannt! Das zog ihn so tief in Gedanken, dass Till ihn aus diesen reißen musste: „Hey, träumst du schon vom 1. FSV?", neckte der Möchtegern-Clown ihn mit seinem üblichen schlechten Humor.

Leo winkte hektisch mit der Hand ab und rappelte sich wieder hoch, um den anderen aufs Spielfeld zu folgen.

Während der ersten Minuten des dritten Spiels zitterten Leos Beine etwas. Nachdem er aber einige gute Aktionen geliefert hatte, war er wieder voll und ganz im Spiel. Die Kenntnis, dass die Mannschaft von einem Scout beobachtet wurde, setzte zusätzliche Kräfte in ihm frei, und so gewannen sie auch das dritte Spiel in Folge, diesmal mit 5:1.

Es gab also keinen Grund dafür, dass die drei Spieler keine Chance von dem Scout bekommen sollten, oder?

Nach dem Spiel beobachteten die Nachwuchskicker ihren Trainer dabei, wie er mit dem Scout diskutierte. Dieser war nicht mal als Scout erkennbar, da er einen gewöhnlichen schwarzen Trainingsanzug trug. Das konnte man aber natürlich nachvollziehen, denn er sollte ja nicht erkannt werden.

Ausnahmsweise herrschte Ruhe in der Mannschaft, denn meistens waren die Jungs, ohne die Anwesenheit ihres Trainers, recht aufgedreht. Doch alle blickten gespannt auf ihren Trainer, als dieser zu ihnen zurückkam und ihnen schilderte, was er mit dem Scout besprochen hatte: „Glückwunsch, Jungs, speziell an euch, Leo, Elias und Till! Ihr werdet an einem Probetraining des 1. FSV Mainz teilnehmen können! Während ihr jetzt eine Stunde spielfrei habt, suche ich die Eltern von euch dreien auf und teile ihnen die gute Nachricht mit. Ich erkläre ihnen dann ebenfalls den weiteren Verlauf. Ihr sollt euch erstmal noch darauf konzentrieren, das Turnier erfolgreich zu Ende zu spielen."

So machten es die starken Nachwuchskicker dann auch. Sie gewannen das Turnier locker, das hatte Leo so beim SV Harburg gar nicht gekannt! Er war jetzt mehr als glücklich und vor allem froh darüber, dass seine harte Arbeit endlich erste Früchte trug.

SCHON LANGE KEIN SPIEL MEHR

Auf der Rückfahrt vom Turnier stand Leo noch immer unter Strom. Aufgeregt fragte er seinen Vater: „Papa, wie geht es denn nun weiter? Was hat dir Mario erzählt?"

„Der FSV Mainz plant ein Probetraining für die U13. Sie wollen ihren Kader für die Rückrunde um bis zu zehn Spieler aufbessern. Voraussichtlich findet das Training Ende November statt, das genaue Datum bekommen wir noch mitgeteilt", erklärte der Vater ihm.

„Und wann wissen wir das?", hakte Leo sofort nach.

„Ich weiß es nicht, Leo. Mario meinte, wir wissen es ‚demnächst'", antwortete sein Vater.

„Also fragen wir spätestens am nächsten Wochenende nach, falls wir da noch kein Datum erhalten haben, oder?", drängte Leo und schaute seinen Vater an, um eine Bestätigung zu erhalten, obwohl es noch gute fünf Wochen bis Ende November waren.

„Ja, das können wir machen", erwiderte der Vater, der Leos Begeisterung nicht wirklich nachvollziehen konnte.

Fortan war Leos Tatendrang nicht mehr zu bändigen, und jeden einzelnen Tag trainierte er mit der Mannschaft oder alleine. Dabei arbeitete er mit den simpelsten Mitteln auf der Straße: mit einem Ball und ein paar Markierungshütchen, die er mal zum Geburtstag geschenkt bekommen hatte.

Da sein Traum vom Profi, beziehungsweise vom NLZ-Spieler, nun wieder greifbarer geworden war, wandelte sich seine Leidenschaft mehr und mehr zu einer Art Besessenheit. Besser zu sein als am vorigen Tag, war seitdem die einzige Devise, der Leo folgte.

An einem warmen Herbsttag fuhr Leo nach dem Training stinksauer nach Hause. Sie hatten nur etwa eine Stunde bei moderater Intensität trainiert, und Leo war noch kein bisschen müde.

„Jetzt bin ich schon bei diesem FSV Fernwald, und die halten sich für was Besseres, aber wissen nicht mal, was hartes Training ist!" Solche Gedanken kreisten in Leos Kopf herum, während er mit zusammengezogenen Augenbrauen durch das Fenster der Bahn schaute. Am Bahnhof angekommen, sprang Leo aus dem Zug und joggte nach Hause, so brauchte er nämlich nur wenige Minuten bis zu seinem Haus. Er schmiss seinen Trainingsrucksack in die Garage, nahm sich stattdessen einen Ball und ein paar Markierungshütchen und startete sein Training auf dem Asphalt. Er konnte es einfach nicht mehr aushalten, mit noch geladenem Akku ins Bett zu gehen, ansonsten hätte sich ja ein anderer Spieler mehr verbessern können als er. Diesen Gedanken konnte er nicht ertragen.

Er dribbelte mit links, rechts und beidfüßig durch die Hütchen, baute einige Variationen ein, übte dann Finten und machte schlussendlich noch eine Viertelstunde Stabi-Training, um ja niemals wieder einen Zweikampf zu verlieren.

Als Leo schließlich eine gute Stunde später ins Haus marschierte, begegnete er im Flur seiner Mutter, die ihn fragend anschaute: „Hattet ihr kein Training?"

„Training? Wir haben uns den Ball ein wenig hin und her gespielt, aber Training kann man das definitiv nicht nennen!", entrüstete sich Leo und stampfte weiter in die Küche, um nach dem Training seinen Snack zu essen, damit sein Körper möglichst schnell regenerieren konnte.

Im Anschluss ging er noch duschen und machte dann ein fünfminütiges Dehnprogramm, das er mittlerweile jeden Tag vor dem Schlafengehen absolvierte.

Nach den vergangenen glorreichen Tagen war heute ein Abend, an dem Leo an die Decke starrte, sich im Bett hin und her wälzte und nicht schlafen konnte. Noch immer war er wütend darüber, dass Coach Mario heute so ein langweiliges Training vorbereitet hatte. Er wusste doch, dass bald das Probetraining beim 1. FSV Mainz anstand, selbst wenn das lediglich drei Spieler betraf. Sollte dies nicht trotzdem Ansporn genug sein? Wie sollte man sich ohne hartes Training verbessern? Schließlich wusste er von seinem Lieblingsmusiker „Kontra K", dass Talent nur Übung ist und Übung den Meister macht. Diesem Motto folgte er die nächste Zeit unerbittlich!

WER HOCH FLIEGT, FÄLLT TIEF

Es war Samstag, also Spieltag in Leos Welt. Es war zugleich der letzte Spieltag vor dem Probetraining am 26. November. Heute war der 19. November, es fehlte also noch genau eine Woche bis zum großen Tag!
In den vergangenen Wochen hatte Leo härter trainiert als je zuvor, und das ganz ohne irgendwelche Verpflichtungen oder Druck von außen. Das Hinarbeiten auf seine Bestform für das Probetraining war Antrieb genug. Schließlich hatte die Einladung zu dem Probetraining seine gesamte bisherige harte Arbeit bestätigt.

Heute aber musste erst ein sehr starker Gegner bezwungen werden, kein geringerer als der aktuell Erstplatzierte der Liga, in der insgesamt neun Teams antraten: Der TSV Siel hatte zwei Punkte mehr auf dem Konto als der FSV Fernwald, und es blieb nur noch ein Spiel in der Hinrunde zu bewältigen. Der Gewinner dieses Spiels würde also Herbstmeister werden.

Im silbernen Wagen der Schiebers wurde Leo also heute zum Auswärtsligaspiel gefahren, wie an fast jedem Wochenende seit sechs Jahren. Tatsächlich prüfte er immer noch wegen des früheren Schienbeinschonertraumas, ob er wirklich alles eingepackt hatte.

Nach dem ersten Turnier und der ganzen Sache mit dem FSV Mainz hatte sich Leo in der Rangordnung des Teams weiter hochgearbeitet und nun das Gefühl, mehr akzeptiert zu sein, obgleich er noch immer lieber mit seinen alten Freunden vom SV Harburg spielen wollte.

Den Platz in der Startelf hatte sich Leo mittlerweile verdient, so lief er also auf seiner geliebten Sechserposition auf.
Schließlich wurde die Partie von einem noch recht jungen Schiedsrichter mit roten Haaren und Sommersprossen angepfiffen.

Die erste Chance gab es auf der Seite der Hausherren: Der TSV Siel setzte einen Kopfball nach scharfer Hereingabe nur ganz knapp neben den Pfosten! Kurze Zeit später klingelte es fast im Kasten des FSV Fernwald, als die Hausherren eine hundertprozentige Torchance vergaben.

„JUNGS! Werdet ihr jetzt bald wach, oder was!?", brüllte Coach Mario von der Trainerbank. Ihn konnte man in den ersten zehn Minuten überhaupt nicht ruhigstellen. Zu hektisch war das Spiel seiner Mannschaft.

„Denkst du, wir würden hier spielen, um zu verlieren?", flüsterte Leo leise zu sich selbst, als er sich nach der Großchance der Gäste wieder positionierte.

Scheinbar konnte der Weckruf des Coaches den FSV Fernwald wieder etwas auf die richtige Spur bringen. Inzwischen war das Spiel ausgeglichener, beide Mannschaften schenkten sich nichts und standen defensiv gut. So kam es, dass die wenigen Zuschauer an der Seitenlinie ziemlich wenig zu sehen bekamen.

Schließlich gingen beide Mannschaften kopfschüttelnd in die Halbzeitpause, keiner war mit dem aktuellen Stand zufrieden, denn jede Mannschaft wollte den Sieg, den Herbstmeistertitel!

In der Kabine angekommen, wartete Coach Mario bereits auf seine Schützlinge. Gegen einen Tisch gelehnt und mit verschränkten Armen sah er jeden Spieler an, der hereinkam. Keiner erwiderte seinen Blick, da die Nachwuchsspieler wussten, dass keine guten Neuigkeiten auf sie warteten.

„Also gut. Noch ist nichts verloren, aber die ersten zehn Minuten waren katastrophal, so fangen wir die zweite Hälfte sicher nicht an! Ich fordere von der ersten Minute an maximale Aggressivität gegen den Ball. Wir stellen etwas um: Wir lassen Maxi alleine auf der 6, Leo und Armin spielen kurz davor auf der 8. Ihr schaltet euch abwechselnd mit nach vorne ein, auch bei Flanken will ich einen von euch am oder im 16er sehen", erklärte Coach Mario seine neuen Anweisungen an der Tafel.

Die drei Betroffenen nickten. Leo hatte sowieso noch nie der Anweisung eines Trainers widersprochen.

„Bevor ihr die Kabine verlasst: Ich hoffe, jeder von euch weiß, dass wir heute nur als Herbstmeister den Platz verlassen, aber dafür werdet ihr kämpfen müssen. Macht es für euch, für die Zuschauer und vor allem für den Verein. Das Wappen steht über jedem hier!", beendete er seine

Aussage und schickte seine Schützlinge wieder aufs Spielfeld.

Ebensolche Spiele waren wie für Leo gemacht, der das Kämpfen, das Grätschen, das Stochern liebte. Noch dazu spielten sie das heutige Spitzenspiel auf einem Grasrasen, der noch leicht feucht war und auf welchem manche Stellen komplett frei von Gras waren, aber genau das waren die besten Kampfbedingungen.

Die ersten 15 Minuten der zweiten Halbzeit waren vorbei, nun war definitiv der FSV Fernwald am Drücker. Verdanken war das vor allem einem, Leo! In der Defensive schaltete er alle aus und leitete eine Großchance nach der anderen ein. Belohnt wurden sie zunächst nicht, aber wenn sie dieses Tempo halten konnten, war der Führungstreffer nicht mehr weit entfernt.

Als die letzten zehn Minuten anbrachen, fasste sich Leo ein Herz. Nach einem sauberen Tackling am Mittelkreis schaltete er erst einen Gegenspieler per Übersteiger aus, spielte dann einen Doppelpass mit Till und schoss durch die Abwehrkette, als hätte er schon jahrelang als Stürmer gespielt. Bevor er sich versehen konnte, stand er alleine vor dem Torhüter! Das war definitiv nicht die Spielsituation, die er seit Jahren geübt hatte, trotzdem blieb er eiskalt und schob den Ball in die untere rechte Ecke. Keine Chance für den gegnerischen Torhüter! Eine Sekunde lang wusste Leo gar nicht, wohin mit sich, dann brach er in den Feiermodus aus, sprintete zur Eckfahne und rutschte mit den Knien nach vorne über den feuchten Rasen. Bevor er sich wieder aufrappeln konnte, lag die gesamte Fernwalder Mannschaft auf dem Torschützen. Unglaublich, was für ein irrer Moment! Was für ein Tor!

Nach dem Führungstreffer strotzte Leo nur so vor Selbstvertrauen. Dank ihm hatte die Abwehrkette kaum mehr Arbeit, und nach vorne machte er ebenfalls munter weiter.

In der Nachspielzeit liefen die Kicker von Coach Mario aber nochmal in einen Konter. Fünf Angreifer gegen die vier Abwehrspieler des FSV war die Ausgangsposition, weitere Spieler aus dem Mittelfeld sprinteten mit ihren letzten Kräften hinterher.
Als die Angreifer im letzten Drittel ankamen, hatte Leo einige Meter gutgemacht und konnte den letzten tödlichen Pass mit einer sauberen Grätsche verhindern. Urplötzlich schrie Leo dann aber auf und fasste sich an sein Knie.

Der Gegner war nach der Grätsche, gewollt oder nicht, aufs Leos Knie getreten. In vollem Tempo kann das schon mal ernsthaft schmerzen. Nie war Leo ein Spieler gewesen, der auf dem Boden liegen blieb, diesmal aber schon, weil er einfach nicht aufstehen konnte.

„Wo hast du Schmerzen?", fragte Coach Mario ihn panisch, nachdem er mit dem Eisspray aufs Spielfeld geeilt war.

„Im Knie", bekam Leo gerade noch über die Lippen, während er sich vor Schmerzen krümmte.

Kurze Zeit später bekamen seine Mitspieler Leo schließlich hoch, an Weiterspielen war allerdings nicht zu denken. Coach Mario und Till stützten Leo und trugen ihn so bis zur Bank, während die Fans an der Seitenlinie applaudierten. Zu Recht, nach diesem großartigen Spiel.

Am Ende gewannen die Schützlinge von Coach Mario dann auch. Nach dem Schlusspfiff schrak der als tragischer Held gefeierte Leo aber plötzlich auf: Was war nun mit dem Probetraining des 1. FSV Mainz, das in einer Woche stattfand!?

WARUM?

Manchmal liegen Höhen und Tiefen viel näher beieinander, als man denkt. Diese Erfahrung musste auch Leo schmerzvoll durchleben. Nach turbulenten Wochen mit einer glänzenden Leistung nach der anderen hatte sich der Herzblutfußballer für kurze Zeit unaufhaltsam gefühlt. Jede Aktion ihm Spiel war ihm gelungen, so viel Selbstbewusstsein war er überhaupt nicht gewohnt. Doch dann wurde er durch einen Schlag des Lebens, des Schicksals wieder heruntergeholt – die Verletzung brachte ihn wortwörtlich zu Boden, und zwar tiefer, als er je zuvor gewesen war.

„Mist!", zischte Leo, als er die Augen nach einer schmerzvollen Nacht langsam öffnete und sein schmerzendes Knie wieder spürte. Er hatte keinen Albtraum gehabt, die gestrige Verletzung war wirklich Realität. Nach dem Spiel hatte Leo sich sofort Eis auf das Knie gelegt, es eingecremt und später verbunden – all das in der Hoffnung auf eine Wunderheilung.

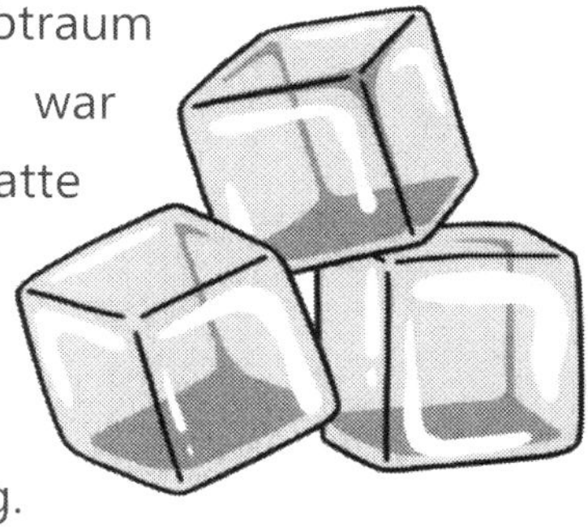

Diese trat aber nicht ein, es wurde eher noch schlimmer.

Leo versuchte, sich mit schmerzverzerrtem Gesicht aufzurichten. Dann begann er, vorsichtig aufzustehen, ihm schmerzte das Knie aber so sehr, dass er kaum stehen konnte. Dennoch humpelte er mühselig bis hinunter in die Küche, wo seine Mutter schon fleißig am Herumwurschteln war.

„Na, wie geht es dir?", fragte sie ihn besorgt, als sie sah, dass sich Leo an der Türklinke abstützte.

„Mh, nicht gut", seufzte Leo und ließ die Schultern hängen. „Gehen wir zur Ärztin? Dann kann sie mir wenigstens sagen, wann ich wieder fit bin", ergänzte Leo, der das Probetraining beim 1. FSV Mainz keineswegs abgeschrieben hatte.

„Gut, iss erstmal etwas, und dann fahren wir sofort los", stimmte seine Mutter ihm zu.

Nicht weit entfernt von Harburg gab es eine Arztpraxis, in der Leo schon ein paar Mal gewesen war, weil er des Öfteren Prellungen oder Ähnliches erlitten hatte.

„Hallo, wir möchten gerne zu Doktor Gerser. Mein Sohn hat sich gestern beim Fußball am Knie verletzt", erklärte

Mutter Karina an der Rezeption. Leo und ihre Mutter wurden dann in den Wartesaal geschickt.

Als sie in das Behandlungszimmer gerufen wurden, empfing die Ärztin sie freundlich und bat Leo sofort auf die Untersuchungsliege.

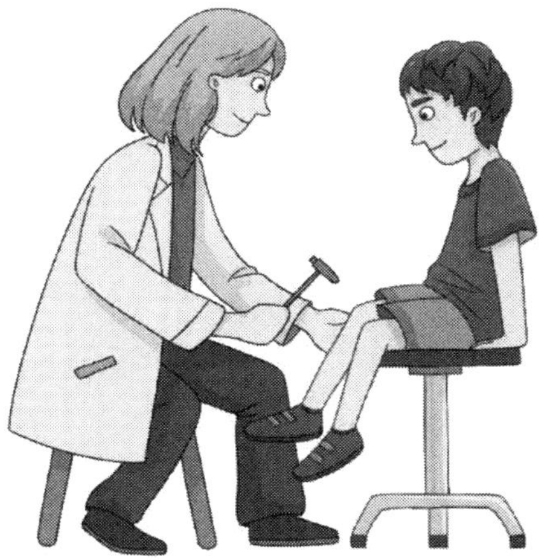

„Sag mir, was hast du denn angestellt?", fragte Doktor Gerser, während sie sich ihre runde Brille aufsetzte, um sich auf die Untersuchung vorzubereiten.

Leo schilderte die fatale Rettungsaktion von gestern, woraufhin die Ärztin Leos Knie abtastete. Als sie die schmerzende Stelle berührte, zuckte Leo leicht zusammen. Als Nächstes nahm die Ärztin einen kleinen Hammer und schlug vorsichtig auf die Kniescheibe: „Deine Reflexe sind auf jeden Fall noch da, das ist schon mal gut!", setzte Doktor Gerser ihren Patienten freundlich in Kenntnis.

Aber nach ein paar weiteren Tests nahm die Ärztin einen tiefen Atemzug und stellte die Diagnose: „Du hast eine

Schleimbeutelentzündung und musst mindestens zwei Wochen pausieren, bei Schmerzfreiheit kannst du wieder langsam beginnen. Ist das nicht der Fall, dann musst du auf jeden Fall noch ein bis zwei Wochen aussetzen. Sollte es danach immer noch Probleme geben, kommst du wieder zu mir", erläuterte die Ärztin ihm freundlich, ohne zu wissen, dass für Leo gerade eine Welt zusammenbrach.

Ohne eine Sekunde nachzudenken, fragte Leo: „Aber ich kann bestimmt früher wieder anfangen, oder? Ich habe nämlich ein Probetraining in sechs Tagen beim 1. FSV Mainz, dort muss ich wieder spielen können".

„Ich will dir nicht alle Hoffnungen zerstören, aber das Vernünftigste wäre, das Training abzusagen. Du riskierst nur eine schlimmere Verletzung oder eine längere Ausfallzeit", empfahl die Ärztin Leo. Der junge Nachwuchskicker war entsetzt.

„Und wenn ich nur am Probetraining teilnehme und danach Pause mache?", flehte er.

„So oder so wirst du deine Topleistung nicht abliefern können", seufzte Doktor Gerser mitleidig.

Leo senkte wimmernd seinen Kopf und versuchte, seine Tränen zurückzuhalten. Leos Mutter klärte noch die Formalitäten, anschließend verließen beide die Arztpraxis – Leo am Boden zerstört, seine Mutter ebenfalls bedrückt, da sie es nicht ertragen konnte, ihren geliebten Sohn so zu sehen.

Zu Hause angekommen, hinkte Leo die Treppen hoch in sein Zimmer, verschloss die Tür und ließ sich auf sein Bett fallen. Sein Gesicht drückte er ins Kissen, aber ein paar Tränen konnte er nicht zurückhalten. Tatsächlich wirkte dies aber befreiend und so konnte er sich etwas von seiner Last befreien. Dennoch dachte Leo heute an nichts anderes mehr als an das blöde Knie und das Probetraining.

Die Tage vergingen langsam, aber Leo hatte noch immer nicht ans Aufgeben gedacht. Inzwischen konnte er zumindest schon schmerzfrei liegen und stehen, sogar das Gehen klappte bereits in langsamer Geschwindigkeit ohne Schmerzen. Leo hatte beschlossen, am letzten Tag vor dem Probetraining selbst eine Einheit zu machen. So konnte er entscheiden, ob es Sinn machte, am Training in Mainz teilzunehmen oder nicht. Aber sogar wenn er teilnehmen würde, müsste er seine Eltern noch erst von seiner Schmerzfreiheit überzeugen.

Am vorletzten Tag vor dem Probetraining war Leos Laune nicht mehr ganz so trübsinnig. Seine Freunde in der Schule konnten ihn etwas ablenken, sodass er nicht mehr den ganzen Tag an das Probetraining dachte. Zu Hause konzentrierte sich seine Gedankenwelt allerdings doch wieder auf sein Knie, den 1. FSV Mainz und das anstehende Probetraining.

Als Leo am Küchentisch saß und sich traurig eine Scheibe Brot schmierte, sagte seine Mutter: „Weißt du, Leo, selbst wenn du nicht am Training teilnehmen kannst, wirst du etwas Gutes daran finden. Nichts ist umsonst. Ich bin davon überzeugt, dass Gott die schwierigsten Aufgaben an die Menschen verteilt, denen er am meisten zutraut. Vielleicht schöpfst du nach deiner Verletzung noch mehr Kraft, um weiter zu trainieren, und dann wird es sicher nicht lange dauern, bis du wieder eine Chance bekommst."

„Warum lässt Gott mich denn nicht am Probetraining teilnehmen, diese Aufgabe wäre mir viel lieber", entgegnete Leo, der die Worte seine Mutter nicht richtig verstanden hatte beziehungsweise nicht verstehen wollte.

Nach einer weiteren Nacht geplagt von Zweifeln und Sorgen war er so weit, um die Generalprobe zu absolvieren.

Seit seiner Verletzung hatte Leo an keinem einzigen Mannschaftstraining mehr teilgenommen, doch er konnte schon fast wieder problemlos gehen.

Nachdem er die Hausaufgaben gemacht hatte, ging Leo in den Keller. Obwohl das Treppensteigen noch wehtat, war er überzeugt davon, dass er jetzt spielen konnte. Er schnappte sich seine Hallenschuhe, einen Ball und ein paar Markierungshütchen für das Training auf dem Asphalt.

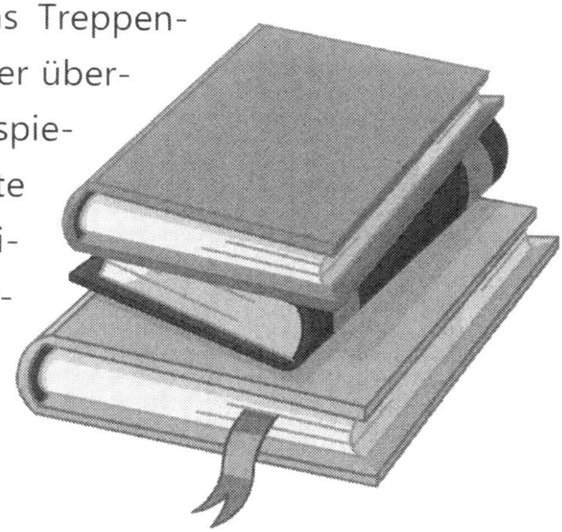

Dann war es so weit: Er wollte zuerst zehn Meter mit dem Ball die Straße hinauf und herunter laufen. Das tat er auch, aber das Knie schmerzte sehr. Dennoch kämpfte er weiter und hoffte, dass der Schmerz verschwinden würde, sobald er etwas aufgewärmt war. So lief er also ziemlich krumm hin und her, aber die Schmerzen wurden nicht besser. Das versuchte Leo einfach auszublenden, weil er nur an das Training beim 1. FSV Mainz denken konnte.
Schließlich machte er sich an intensivere Übungen: Er wollte wie immer erst mit links, dann mit rechts und dann beidfüßig um die Hütchen dribbeln. Also legte er los, doch

er konnte den Ball nicht mal wirklich am Fuß halten, da er so starke Schmerzen hatte. Er biss weiterhin die Zähne zusammen, startete wieder von vorne und dachte erst, es würde besser werden, doch am letzten Hütchen angekommen sank er zu Boden. Er konnte den Schmerzen nicht mehr standhalten, und es hatte keinen Sinn, sich noch etwas vorzumachen. Leo konnte nicht einmal ohne zu hinken laufen. Jetzt konnte er die Tränen nicht mehr zurückhalten. All die Zweifel, die Ängste und die Schmerzen der letzten Tage hatten ihn völlig fertiggemacht. Aus seinem großen Traum war ein Albtraum geworden.

Noch vor einer Woche hatte er jubelnd unter seiner ganzen Mannschaft gelegen, als er das Siegtor zur Herbstmeisterschaft erzielt hatte, und nun lag er alleine, verzweifelt, weinend und niedergeschlagen, am absoluten Tiefpunkt angekommen, auf dem Asphalt und fragte sich frustriert nach dem Warum. Warum jetzt? Warum er? Warum musste das jetzt passieren?

Damals, als er mit acht Jahren zum Training am DFB-Stützpunkt gefahren war, hatte er seine Chance gar nicht begriffen. Heute aber war alles anders. Jahrelang hatte er seitdem darauf hingearbeitet, wieder eine Chance zu bekommen. So viel hatte er schon investiert, und doch sollte sein Traum nicht wahr werden. Er musste das Probetraining schließlich absagen.

Würde Leo je wieder solch eine Chance bekommen? Oder war es das Ende seines großen Traums?

TEIL 3:
DIE ZEIT LÄUFT

Nach dem verpassten Probetraining beim FSV Mainz hatte sich Leo wieder langsam aufgebaut. Über die letzten vier Jahre wurde der Drang, es wirklich wissen zu wollen, noch viel größer. Der Fußball wurde noch physischer und ernster, sein Antrieb noch stärker und seine Entschlossenheit noch größer.

In den letzten vier Jahren hatte er sich also auch beim FSV Fernwald einen hohen Status erarbeitet, und mittlerweile spielte er dort in den B-Junioren.
Langsam, aber sicher beschäftigte er sich immer mehr mit der Zukunft. Was wäre, wenn er nicht bald in ein NLZ aufgenommen werden würde?

Im dritten und letzten Teil von Leos Geschichte lernt dieser allmählich das Erwachsenenleben kennen. Er trifft auf viele neue Ablenkungen und Herausforderungen. Muss er seinen Traum begraben oder besteht dieser weiter?

DER NEUE TRAINER

Lange Zeit hatte Leo unter Coach Mario trainiert. Heute aber war diese Ära zu Ende. Die B-Junioren des FSV Fernwald wurden von einem anderen Coach übernommen. Der neue Trainer hieß Jochen. Er war noch recht jung, Ende 20, und hatte seine Fußballkarriere aufgrund einer Verletzung beendet.

Das heutige Auswärtsspiel fand in Gadenhausen statt. Dort maß sich der FSV Fernwald mit dem FC Gadenhausen. Dieser Verein war aktuell auf der vierten Position der Tabelle, während der FSV auf Rang Nummer zwei stand. Einen Punkteverlust konnte sich der FSV also nicht leisten, vor allem, weil sie beim Erhalt der zweiten Tabellenposition den historischen Aufstieg in die B-Junioren Regionalliga Südwest feiern konnten.

Als die Nachwuchskicker des FSV aus ihrem grün-weißen Minibus stiegen, inspizierten sie erst den Rasen, so, wie es die Profis auch tun.

„Das Ding ist ja härter als Asphalt", meckerte Till, der mittlerweile recht gut mit Leo harmonierte, auf sowie außerhalb des Fußballplatzes. Das Gemecker hatte der Bursche mit den blonden Locken aber noch immer nicht verlernt.

„Ja, echt! Ich hasse solche Kunstrasen, die schon so platt gerollt sind. Außerdem springt der Ball dann immer, sogar, wenn man ihn flach spielt", beschwerte sich auch Leo, während er sanft mit der Fußspitze auf den Rasen tupfte, um festzustellen, wie hoch das Plastikgras war.

Nachdem sich die Spieler in den kleinen, etwas heruntergekommenen Umkleiden umgezogen hatten, waren alle still, weil sie gespannt auf die erste Aufstellung von Trainer Jochen warteten. Dieser hatte eine große weiße Tafel mitgebracht, die er nun umdrehte. Darauf war die gesamte Aufstellung zu sehen.
Leo war erstaunt: Er wurde in die Innenverteidigung gesetzt, auf eine Position, auf der er zwar schon mal gespielt hatte, aber eher ungern. Dort konnte man nämlich gar nicht so viel laufen, außerdem konnte man sich kaum in die Offensive miteinschalten.

„Leo, zu dir!", riss Trainer Jochen ihn aus seinen wenig erfreulichen Gedanken. „Ich habe dich in die Innenverteidigung gesetzt, weil ich denke, dass wir so insgesamt offensiver spielen können. Außerdem hast du da schon gespielt, und das hat mir gut gefallen, also versuchen wir es so!", erläuterte der Coach seine Entscheidung.

Nachdem alles erklärt worden war, gingen die Spieler auch schon zum Aufwärmen hinaus. Als Nächstes kamen sie wie immer in einem Kreis zusammen und machten sich mit ihrem Ruf heiß auf die Partie.

Das Spiel verlief zu Beginn unspektakulär, denn die Mannschaften tasteten sich zunächst ab. Die Hausherren in Rotweiß wurden höchstens über Standards gefährlich, ein Freistoß strich die Latte und zwei Ecken sorgten für Alarmstufe Rot im Sechzehner der Gäste. Diese bemühten sich, Erfolge zu verbuchen, was ihnen aber selten gelang – möglicherweise wegen des Untergrunds, denn in der Tat hoppelte der Ball ständig hin und her, da der Kunstrasen so hart war.

Gerade Leo wirkte heute etwas verunsichert. Die Ballan- und -mitnahme waren nicht flüssig genug, weil er den Ball mit seinem ersten Kontakt oft schlecht kontrolliert hatte. So kam es, dass Leo viele Bälle auf Nummer sicher nach hinten zum Torwart spielte und kaum etwas nach vorne machte.

Als er das dann aber zum zigsten Mal machte, platzte seinem jungen Trainer der Kragen und er brüllte: „Leo, wenn du den Ball noch einmal zurückspielst, kommst du raus!"

Damit hatte Leo definitiv nicht gerechnet. Leicht eingeschüchtert nickte er nur Richtung Bank. „Es bietet sich ja auch keiner an", dachte er. Tatsächlich aber verpasste er durch seine heute etwas langsamere Spielweise den Moment, um den Ball zu einem freien Mitspieler zu passen.

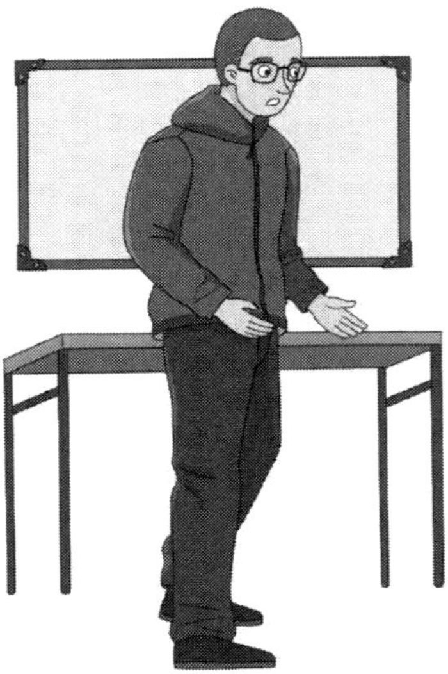

Mit einem 0:0 marschierten die Fernwälder in das alte Gebäude aus roten Ziegeln und setzten sich in die Umkleide. Keiner wagte es, den Mund zu öffnen, da sie wussten, dass das Spiel nicht nach Plan lief.

„Hey, was ist los mit euch? Ich erkenne euch überhaupt nicht mehr wieder. Im Training kombiniert ihr problemlos und hier bekommt ihr heute keine drei Pässe hintereinander gespielt", kritisierte Jochen sein Team fassungslos.

„Und Leo, wenn du so zitterst, wirst du nie höher spielen! Du musst mit mehr Selbstvertrauen spielen, wir haben keine Angst vor Fehlern!", ergänzte er noch an Leo gewandt.

Erst wollte Leo antworten. „Ich zittere doch gar nicht, noch dazu spiele ich nie Innenverteidiger", dachte er sich. Da Leo immer eine tadellose Einstellung vorwies, war er es nicht gewohnt, viel Kritik zu bekommen, und konnte daher auch nicht so gut mit ihr umgehen. Schließlich zählte er stets zu den besten Kickern im Team. Diese direkte und strenge, aber ehrliche und konstruktive Kritik machte ihm doch zu schaffen. Bis zum Wiederanpfiff hatte er die ganze Zeit diesen Satz seines Trainers im Kopf.

Die zweite Halbzeit wurde dann immerhin besser. Leo kämpfte aber vor allem gegen sich, gegen seine Angst und seine negativen Gedanken. Am Ende feierte der FSV Fernwald letztlich doch noch einen routinierten 2:0-Arbeitssieg und machte sich wieder auf die Rückreise.

Selten war Leo so genervt nach einem Sieg wie an diesem Tag. Auf dem Rückweg ließ er sich nichts anmerken, aber zu Hause sprach er kein Wort und verzog keine Miene. Am Ende des Tages konnte er sich doch irgendwie damit abfinden, dass er so hart kritisiert worden war, schließlich brauchte man Kritik, um sich zu verbessern. Außerdem hatte Selbstvertrauen einen enorm hohen Stellenwert im erfolgreichen Fußball!

„DU WIRST EH NIE PROFI!“

„Heute kommst du aber mit, Leo“, versuchte Leos langjähriger bester Freund Hannes ihn zu einer Party zu überreden, als sie gerade wieder durch den Flur zum Klassenraum schlenderten.

„Nein, morgen ist Spieltag“, erwiderte Leo, ohne groß nachzudenken.

„Ja, und du kannst dir doch sicher mal eine Ausnahme gönnen, denn diese Zeiten bekommst du nie wieder zurück!“, hakte Hannes nach.

Leo blieb stehen und drehte sich zu Hannes um: „Nein!“

„Mit 30 werde ich auch nicht mehr Profi“, wollte Leo ergänzen, hielt aber stattdessen den Mund und ging wieder weiter Richtung Klassenzimmer.

„Du kannst ja auch um ein Uhr schlafen gehen, dann bist du topfit für morgen."
Leo hielt erneut an, schaute zu Hannes, winkte kurz mit der Hand ab und ging weiter.

„Sogar Elena und Marie sind da", bemerkte Hannes in seiner ungebremsten Euphorie, weil er wusste, dass Leo die beiden Mädchen toll fand, und hoffte, ihn dadurch überreden zu können.

„Zum letzten Mal, Hannes, nein!", entgegnete Leo, warf Hannes einen zornigen Blick zu und trat dann ins Klassenzimmer.

„Du kannst doch nicht alle Partys nur wegen des Fußballs verpassen! Ich verstehe nicht, wie man seine Freunde so hinter den Fußball stellen kann", meinte Hannes fassungslos.

Dann platzte Leo endgültig der Kragen: „Junge, nur weil du ständig feiern möchtest, heißt das noch lange nicht, dass ich meine Freunde hintenanstelle. Ich nehme mir sofort für dich Zeit, wenn du möchtest, aber du musst akzeptieren, dass unsere Prioritäten unterschiedlich verteilt sind", fauchte Leo Hannes aufgebracht an.

Um das noch zu toppen, erhob nun auch die Streberin Lisa aus der ersten Reihe ihre Stimme, da sie das ganze Gespräch mitverfolgt hatte. „Du wirst doch eh nie Profi", meinte sie in ihrem üblichen besserwisserischen Ton. „Außerdem könntest du dich jederzeit verletzen und dann hättest du gar nichts, also streng dich doch mal etwas mehr im Unterricht an", fügte sie noch spöttisch hinzu und packte unschuldig weiter ihren Schulranzen aus, damit alles bereit lag, sobald der Unterricht begann.

Leo war völlig verblüfft. Er blieb wie erstarrt stehen und schaute Lisa an, dann atmete er einmal tief ein und wieder aus und antwortete ihr: „Erstens, mit dir hat niemand gesprochen! Zweitens will ich von dir überhaupt nichts wissen und drittens kämpfe ich wenigstens für etwas, anstatt so ein langweiliges Streberleben zu führen!", zischte Leo zornig.

Wütend begab sich Leo nun zu seinem Platz ganz hinten in der Ecke, denn dort fiel es nicht so auf, wenn er mal wieder in seinen Tagträumen versunken war. Außerdem war es besser, weit weg von Lisa zu sitzen, ehe die beiden noch aneinandergerieten.

Als es in der Klasse ruhiger wurde, sank auch der Puls von Leo langsam, obgleich er noch immer über die unnötigen Diskussionen nachgrübelte.

„Leo!", riss seine Lehrerin, Frau Marxen, ihn aus seinen Gedanken. „Wann passt du endlich mal auf!? Mit dieser Einstellung wirst du niemals etwas erreichen!", fuhr sie Leo ziemlich scharf an.

„Was weißt du schon über mich und meine Einstellung, du blöde Kuh!", dachte sich Leo und hätte das zu gerne laut ausgesprochen, tat es aber nicht, weil er wusste, dass es sonst richtig heftige Konsequenzen geben würde. Stattdessen biss er sich auf die Lippen, um seinen Mund ja nicht zu öffnen. Er schaute die Lehrerin nur einmal kurz an, um ihr zu verstehen zu geben, dass die Nachricht angekommen war, damit sie mit dem Unterricht weitermachen konnte.

In der Tat war Leo nicht mehr der fleißigste Schüler, im Gegensatz zu früher. Trotzdem war er ein sehr ehrgeiziger Junge, der diszipliniert seinem Traum folgte, aber auch weiterhin lernen wollte – nur, dass ihm die Methoden in der Schule zu langweilig vorkamen. Zu seiner Verteidigung musste man erwähnen, dass es in der letzten Reihe aber wirklich schwierig war, sich auf den Unterricht zu konzentrieren...

Unabhängig davon hatte er bisher noch jedes Jahr erfolgreich abgeschlossen, obwohl seine Mutter ihm immer drohte, dass er im Abitur Probleme bekommen würde, wenn er nicht bald aufmerksamer im Unterricht war. Solange seine Noten gut waren, hörte Leo aber nur halbherzig auf den Rat seiner Mutter, denn er wusste, dass er alles würde schaffen können, wenn er sich anstrengte. Er hielt die Schule für nicht besonders effektiv und mochte es viel lieber, zu Hause in Büchern zu stöbern, aus denen man sofort etwas Nützliches lernen konnte, ohne dafür stundenlang Grammatik pauken zu müssen.

Den restlichen Schultag über verbrachte Leo mit mürrischer Laune, was wohl niemanden verwundern dürfte. Als es klingelte, lief er schnell aus der Klasse, setzte sich alleine auf einen Platz im Bus und wollte nur noch nach Hause, wo ihn seine Mutter schon wie üblich erwartete. „Wie war dein Schultag?“, fragte sie ihn.

„Wie immer", seufzte Leo, noch immer leicht gereizt, weil er keine Lust hatte, ihr alles zu erzählen. Also ging er schnurstracks auf sein Zimmer, um sein Trainingstrikot anzuziehen. Als Nächstes schnappte er sich sein übliches Trainingsmaterial für sein Individualtraining und legte los – so wie an jedem Tag, an dem er kein Mannschaftstraining hatte.
Zunächst spielte er unzählige Pässe gegen die Wand, damit die Grundlagen saßen, dann machte er mit Slalomdribbling weiter und zum Schluss beendete er sein Training mit einer 20-minütigen Krafteinheit.

Sogar Leo hatte Tage, an denen er weniger trainierte oder auch mal weniger motiviert war, heute aber waren seine Konzentration und die Intensität seines Trainings am maximalen Punkt angelangt. Das lag daran, dass er die Wut, die sich aufgrund der heftigen Meinungsverschiedenheiten aufgestaut hatte, irgendwie aus seinem Körper kriegen musste.

Nach dem Training duschte Leo, aß gemütlich zu Abend und fühlte sich schon wieder viel entspannter. Er blickte jetzt nur noch auf das morgige Spiel. Dabei hoffte er, dass er wieder auf der 6 spielen konnte, um all seine Qualitäten zeigen zu können.

Wie würde er sich sonst auszeichnen können, wenn noch mal ein Scout am Spielfeldrand stand? Falls überhaupt noch jemals ein Scout sein Spiel anschauen würde, schließlich war Leo jetzt schon 16, und in dem Alter noch entdeckt zu werden, schafften nicht viele Nachwuchskicker.

AM BODEN

Heute war es wieder so weit, es war Spieltag! Nachdem Leo gestern freiwillig auf die Party verzichtet hatte, konnte er sich nun darüber freuen, munter und ausgeschlafen aufzustehen. Leo folgte seiner üblichen Routine vor einem Spiel: morgens gemütlich Kaffee trinken, die Schulbücher kurz aufschlagen und die Sporttasche packen. Nach dem Mittagessen machte er einen Verdauungsspaziergang, und schließlich war es schon an der Zeit, um loszufahren.

In der Bahn schaute Leo wie üblich aus dem Fenster, sah aber nicht wirklich die Landschaft, weil er nur traumhaft schöne Aktionen von sich im Spiel visualisierte. Sich vor dem Spiel einige Spielsituationen auszumalen, half Leo immer dabei, gute Leistungen zu liefern – manchmal dachte er sogar, dass er diese Situationen durch seine Gedanken anziehen konnte.

In den heimischen Umkleiden hielt Coach Jochen eine zunächst wenig überraschende Ansprache: „Wie ihr wisst, müssen wir heute die drei Punkte zu Hause lassen! Auf keinen Fall dürfen wir den Gegner unterschätzen, aber wir zeigen ihm, wer hier zu Hause ist, klar!?", motivierte Jochen die Jungs.

„Zur Aufstellung: Wir nehmen nur eine Änderung vor. Leo, wir versuchen es wieder mit dir auf der 6, dafür rückt Maxi auf die Innenverteidigerposition", teilte der Coach ihnen zu Leos Freude mit.

Kurze Zeit später stand Leo auf dem Spielfeld, er atmete tief ein und aus, hob die Knie ein paar Mal an und blickte fokussiert nach vorne. Der Schiri pfiff an, das Spiel, sein Kampf hatte wieder begonnen.

Lange Zeit verlief das Spiel ruhig. Das lag vor allem daran, dass die Gäste mit den gelb-schwarzen Trikots eher Handball als Fußball spielten, denn sie versammelten fast die komplette Mannschaft in einem 5-4-1-System vor dem Strafraum und knallten jeden Ball nach vorne, in der Hoffnung, dass ihr Stürmer irgendwann den Ball gewinnen konnte und ein spektakuläres Solo starten würde. Die Mannschaft von Trainer Jochen war aber geduldig, sie kombinierte gut und wartete auf eine Lücke. Leo war ebenfalls gut im Spiel und war quasi Dreh- und Angelpunkt der Hausherren.

Trotzdem gingen die Mannschaften ohne Tor in die Halbzeitpause. Bald sollte sich das aber rasant ändern, weil die Spieler des FSV Fernwald die Taktik wechselten. Sie ließen den Gästen einfach mal den Ball, sodass diese auch mal aus ihrem Defensivblock kamen. Es dauerte nicht lange, bis Leo einen Ball im Mittelfeld eroberte, ihn auf Till durchsteckte und dieser dann eiskalt verwandelte.

Erleichterung für die Hausherren! Nur mit dem Punktgewinn würden sie auf dem Kurs zum historischen Aufstieg bleiben. Beflügelt durch den Führungstreffer, erspielten sich die Schützlinge von Trainer Jochen nun eine Großchance nach der anderen. So stand es in der 72. Spielminute bereits 4:0. Leo erzielte einen Treffer selbst, per Abstauber nach einem Eckball, und konnte nochmal ein Tor auf überragende Weise vorlegen.

Das Spiel plätscherte also nur noch so dahin, bis plötzlich ein lauter Schrei auf dem Spielfeld ertönte. Leo war nach einem Zweikampf liegen geblieben. Wenige Sekunden später wollte er sich wieder aufrappeln, doch es ging nicht. Sein Knöchel schmerzte so sehr, dass es ihm nicht möglich war, richtig zu stehen.

„Wo, Leo?", fragte ihn Coach Jochen, der schon mit dem Eisspray auf das Spielfeld geeilt war. Daraufhin zeigte Leo verzweifelt auf seinen Knöchel. Er hatte erst kürzlich die Bänder

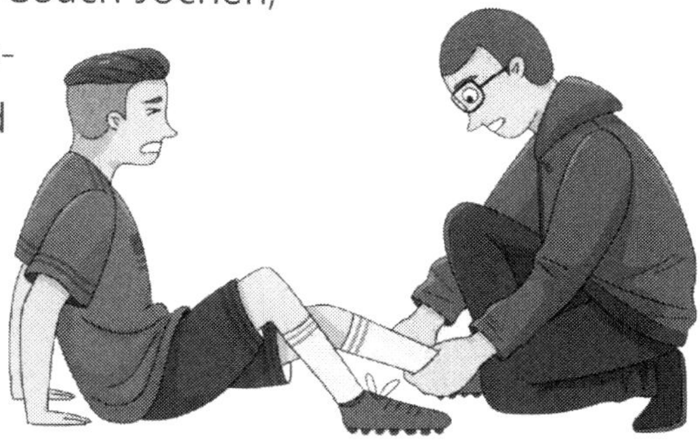

überdehnt, möglicherweise war die Verletzung noch nicht völlig ausgeheilt gewesen.

„Verdammter Fuß", schimpfte Leo, während er im Schneckentempo vom Spielfeld humpelte. Als er bei der Bank ankam, ließ er sich auf diese fallen, schaute zu Boden und merkte, wie seine Augen wässrig wurden. Er konnte einfach nicht fassen, dass er sich immer dann verletzte, wenn er ein hervorragendes Spiel ablieferte.

Einige Zeit verging, bis Leo endlich zu Hause war. Die Fahrt von der Fernwälder Spielstätte bis zu seinem Haus verbrachte er normalerweise damit, Musik zu hören oder aus dem Fenster zu schauen. Dieses Mal war es anders: Er haderte so sehr mit sich, dass er es in Erwägung zog, einfach mal eine einjährige Fußballpause zu machen, vielleicht wollte es das Schicksal ja so? Vielleicht war sein Körper nicht dafür gemacht, Profi zu werden?

Eine andere Stimme in seinem Kopf sagte ihm hingegen, dass Gewinner Verlierer sind, die nur nicht aufgegeben haben. Während Leo so tief in seine Gedanken versunken war, dachte er ebenfalls an den Anfang seiner Fußballkarriere zurück, an den Spaß und die Freude, die er damals dabei erlebt hatte. Genau deswegen hatte er ja überhaupt mit dem Fußballspielen begonnen. Er wollte dieses Gefühl endlich wieder spüren!

Als Nächstes musste er seine Mutter anrufen, damit sie ihn vom Bahnhof abholen konnte, obwohl dieser nur wenige hundert Meter von seinem Zuhause entfernt war.

„Leo, zu Hause wartet eine Überraschung auf dich, die wird dich sicher aufmuntern", berichtete seine Mutter ihm fröhlich.

Leo lächelte und seufzte: „Das glaube ich wohl eher nicht, dann müsste schon der Bundestrainer vor der Tür stehen." Zu Hause angekommen, begrüßte ihn sein Vater ebenfalls mit einer besorgniserregenden guten Laune. „Leo, ich werde dir gleich etwas sagen, das dich deinen Schmerz sofort vergessen lässt!", meinte er aufgeregt.

Als Leo schließlich bis in die Küche gehumpelt war, sagte er etwas desinteressiert: „Na, dann schieß mal los."

„Jochen hat mich vorhin angerufen und er meinte, dass ein Scout von den Offenbachern Kickers vor Ort gewesen ist, beim heutigen Spiel…“, verkündete Leos Vater und nahm tief Luft.

JETZT ODER NIE

Aus Leos betrübter Miene entwickelte sich auf einmal ein breites Grinsen und seine Augen leuchteten auf.

„Jochen hat mir mitgeteilt, dass der Scout der Kickers ein Auge auf dich geworfen hat, und er möchte dich gerne bei einem Probetraining sehen", fuhr Leos Vater fort und lächelte seinen Sohn an.

Leo strahlte über das ganze Gesicht. Er wollte aufspringen, ließ es aber gerade noch rechtzeitig bleiben und biss die Zähne zusammen. Er hatte seinen schmerzenden Fuß beinahe vergessen. Von einer Sekunde auf die nächste verschwand Leos Lächeln und Panik machte sich auf seinem Gesicht breit: „Aber, Papa, wie soll ich denn am Probetraining teilnehmen?", fragte Leo besorgt und blickte entsetzt auf seinen geschwollenen Fuß.

„Mach dir darum erstmal keine Sorgen! Das Probetraining findet erst in vier Wochen statt. Bis dahin bist du ohne Frage wieder fit", versuchte der Vater, seinem Jungen Mut zuzusprechen.

Hoffnung funkelte wieder in Leos Augen auf. Er hatte doch recht: Ein Gewinner ist ein Verlierer, der nicht aufgibt.

Ab diesem Moment begann für Leo eines der wichtigsten Rennen seines Lebens: ein Rennen gegen die Zeit, um wieder verletzungsfrei und fit zu werden. Sofort schnappte sich Leo ein Kühlpad, setzte sich im Wohnzimmer aufs Sofa, nahm sein Smartphone aus der Tasche und blickte gespannt auf seinen Kalender. Heute war der 17. April, das Probetraining sollte am 15. Mai stattfinden. Sogleich begann er gedanklich mit den Planungen: Wenn er jetzt noch ein bis zwei Wochen aussetzen musste, hatte er noch immer mindestens zwei Wochen Zeit, um sich in Topform zu spielen.

Leo hatte bereits einmal eine Bänderverletzung gehabt. Damals konnte er wieder recht schnell mit dem Laufen starten, musste aber vorsichtig sein, um nicht erneut umzuknicken und von vorne zu beginnen. So war es auch bei seiner jetzigen Verletzung. Nach wenigen Tagen, viel abschwellender Salbe und noch mehr Eis war der Fuß wieder abgeschwollen, und Leo konnte erste Stabi-Übungen machen.

Noch bevor der Mai anbrach, konnte Leo bereits wieder joggen gehen – definitiv ein großer Meilenstein in seinem Wettrennen gegen die Zeit! Schmerzen empfand er aber noch immer, wenn er sich dynamischer bewegte. In dieser ersten Maiwoche ging Leo an fünf Tagen laufen. Am liebsten wäre er sogar an jedem einzelnen Tag losgerannt, aber er wusste, dass vor allem sein Fuß, die Pause benötigte, um wieder komplett zu heilen. Auch Balance-Übungen machte er fast täglich, um dem Fuß wieder die nötige Stabilität zu verleihen. Nach der Schule und den Hausaufgaben befasste er sich in seiner Freizeit nur noch mit Fußball. Wenn er also gerade nicht trainierte, las er im Internet nach, wie man selbstbewusster spielen konnte und welche Nahrungsmittel die Regeneration förderten.

So ging es weiter, allerdings wurde es immer ernster. In der letzten Woche vor dem Probetraining hatte Leo häufiger den Ball zum Trainieren mitgenommen. Lediglich wenn er schoss, bemerkte er seine alte Verletzung. Dennoch blieb er zuversichtlich, da er wusste, dass er schon in diesem Zustand sicher am Training teilnehmen würde, nicht so wie damals mit der Schleimbeutelentzündung, als er absagen musste.
Dann war es so weit: Der für Leo alles entscheidende Tag war angebrochen. Es war der 15. Mai – das musste ein gutes Omen sein, da seine Lieblingsnummer ihn noch nie

enttäuscht hatte. Heute fuhr Leo mit seinem Vater zum Trainingsgelände. Während der Hinfahrt im silbernen Wagen der Schiebers fragte Leo ihn: „Papa, werden dort noch andere sein, die ein Probetraining machen?"

„Das kann ich dir nicht sagen, es ist aber gut möglich, dass du der Einzige bist. Schließlich organisieren die größeren Vereine keine Probetrainings mehr für Spieler in deinem Alter", antwortete ihm sein Vater.

Als sie am Trainingsgelände ankamen, blieb Leos Mund vor lauter Staunen offen stehen. Über dem Haupteingang hing das riesige rot-weiße Logo der Kickers, und wenn man nach rechts und links blickte, sah man sämtliche Spielfelder, einige mit Kunst-, andere mit Naturrasen. Überwältigt von der Kulisse bewegte sich Leo langsam, ohne sich richtig von seinem Vater zu verabschieden, zum Haupteingang des Trainingskomplexes. Dort eingetroffen, begegnete er einem Jungen, der wohl das gleiche Alter wie Leo hatte. „Hey, kannst du mir sagen, wo die Umkleiden der U17 sind?", fragte Leo ihn.

„Ja, ich spiele auch in der U17, komm mit!", sagte der Junge im rot-weißen Trainingsanzug der Kickers. „Wer bist du?", fragte ihn der möglicherweise bald neue Teamkollege von Leo.

„Ich bin Leo und komme zum Probetraining", antwortete Leo kurz.

„Aha...", meinte der Junge und nickte, dann gingen beide gemeinsam zu den Umkleiden. Bevor sie eintraten, drehte der Offenbacher Nachwuchskicker sich zu Leo um: „Du musst dir wahrscheinlich Trainingskleidung holen. Geh einfach in das Zimmer da vorne links." Er zeigte auf eine andere Tür. Leo befolgte die Anweisung und klopfte an die besagte Tür, öffnete sie und sah darin eine Frau mittleren Alters an einem Schreibtisch sitzen. Bevor Leo etwas sagen konnte, fragte die Frau: „Du bist bestimmt Leo, oder?" Dieser nickte, und die Frau fuhr fort: „Deine Trainingskleidung liegt dort auf dem Tisch, bring sie bitte nach dem Training zurück."

Leo nahm die Sachen, bedankte sich und ging wieder zur Umkleide der U17. Im Flur nutzte er den Augenblick, um kurz die Kleidung zu bewundern: Sie bestand aus einem Paar Stutzen, einer kurzen Hose und einem Trikot, jeweils in den Vereinsfarben.
Danach ging er in die Kabine, wo nur noch fünf Spieler waren, die sich alle zügig anzogen.

„Beeil dich! In zwei Minuten müssen wir auf dem Spielfeld sein, ansonsten kannst du gleich wieder nach Hause fahren", forderte der Junge von eben Leo auf.

In Windeseile zog sich Leo also um und lief zeitgleich mit den letzten beiden Spielern aus der Kabine aufs Spielfeld. Dort befanden sich bereits alle anderen und kickten sich den Ball in kleinen Gruppen hin und her. Nachdem Leo und die letzten beiden Spieler den Trainer begrüßt hatten, rief dieser die 22-köpfige Mannschaft zusammen.

„Guten Morgen!", begrüßte der bereits etwas ältere Trainer mit Glatze das Team.

„Guten Morgen", folgte die Antwort im Chor.

„Wir starten in unsere letzte Trainingswoche vor der Sommerpause. Also werden wir es diese Woche etwas gemütlicher angehen. Heute trainiert auch Leo vom FSV Fernwald mit uns. Nehmt ihn so in der Mannschaft auf wie jeden anderen!", befahl der Trainer, der sehr autoritär wirkte.

Leo fühlte sich viel wohler als damals, als er als kleines Kind beim Probetraining am Stützpunkt gewesen war. Ob das seine Reife oder einfach ein gutes Omen war, wusste er nicht. Er wusste nur, dass jetzt alles zählte, jetzt oder nie!

Das Aufwärmen verlief ähnlich wie beim FSV Fernwald: Lauf-ABC mit Dehnphasen. Danach ging es sofort zu einer Passübung über, die nach den Erklärungen des Trainers sehr komplex schien. Sicherheitshalber ließ Leo einen anderen Nachwuchskicker vor sich, um sich die Übung erstmal anzuschauen. Als der Ball die Übung zum ersten Mal durchlaufen hatte, war die Übung auch für Leo klar. Der Trainer variierte diese alle fünf bis zehn Minuten. Kurz danach war es schon Zeit für das Abschlussspiel.

In die Passübung war Leo definitiv gut hineingekommen, aber dabei konnte er sich wenig auszeichnen. Er atmete noch ein paar Mal tief durch, ehe es zum entscheidenden Abschlussspiel kam. Würde sein Fuß bei den intensiveren Bewegungen problemlos mitmachen? Würde seine konditionelle Verfassung ausreichen? Schließlich hatte er kein einziges Pflichtspiel mehr seit seiner Verletzung bestritten und lediglich eine Woche am Mannschaftstraining teilgenommen.
Die Mannschaft wurde in zwei Hälften geteilt. Sie spielten über eine Spielhälfte, mit 11 gegen 11. Nachdem der Trainer den Ball freigegeben hatte, bemerkte Leo sofort, dass hier auf einem ganz anderen Niveau gespielt wurde. Die

Spieler stürmten auf den Ball beziehungsweise auf den Gegenspieler zu und schrien über das gesamte Spielfeld, um zu kommunizieren.

Für Leo war das Hektik pur! Er versuchte, zu Beginn mit einfachen Pässen ins Spiel zu kommen, was ihm auch halbwegs gelang. Nach der ersten Spielunterbrechung, nach etwa einer Minute, merkte Leo aber schon, wie sein Herz pochte. Er versuchte, mit der gleichen Intensität wie die anderen Kicker zu spielen. Mit der Zeit wurde ihm die fehlende Luft immer mehr zum Verhängnis, ein echt mieses Gefühl. Denn eigentlich lebte Leo von seiner Ausdauer und seinem Einsatz. Wenn er das nicht zeigen konnte, wusste er schon, dass das Bestehen dieser Probe sehr schwierig werden würde.

Immer mehr Spielzeit verstrich, doch Leo kam nicht mehr wirklich ins Spiel. Er wirkte wie ein Fremdkörper in der eingespielten dynamischen Truppe. Das erkannte natürlich auch er selbst, weshalb es ihm schwerfiel, sich vollkommen auf das Spiel zu konzentrieren.

Am Ende konnte Leo doch noch ein bis zwei gute Aktionen liefern, die letzten Minuten waren aber bloß noch ein Kampf für ihn. Das sah ihm auch jeder an, da er schnaufte wie ein Wildschwein. In diesen letzten fünf Minuten lief auch fußballerisch nicht mehr viel zusammen, leider.

Nachdem die Spieler alles eingeräumt hatten, trabten sie langsam Richtung Kabine. Der glatzköpfige Trainer kam zu Leo und meinte: „Da siehst du schon, dass hier auf einem anderen Niveau gekickt wird."
„Ja, echt", stimmte Leo zu, während er seine Lippen zusammenpresste und zu Boden schaute.

„Ich bespreche deine Leistung mit meinem Co-Trainer und teile dir dann in einem Schreiben mit, ob sie gereicht hat oder nicht", fuhr der Trainer der Offenbacher Kickers fort. „Aber ich will ehrlich zu dir sein: Aktuell sieht es nicht so gut aus", fügte er dann noch hinzu.

Leo nickte und wollte sich seine Enttäuschung nicht anmerken lassen. Er verabschiedete sich von dem Trainer, indem er ihm die Hand gab, und schlurfte mit hängenden Schultern zur Umkleide.

DIE UNGLAUBLICHE BEGEGNUNG, DIE ALLES VERÄNDERTE

Auf dem Weg zur Kabine kickte Leo enttäuscht Steine vor sich her und verbarg seine nassen Augen, indem er den Blick auf den Boden gerichtet hielt. Diesmal fühlte er keine Wut, sondern vielmehr Enttäuschung. Er war enttäuscht darüber, dass er nicht auf Augenhöhe hatte mitkicken können. Eine bessere Vorbereitung auf das Probetraining hätte bestimmt einen positiven Effekt gehabt, aber ob es gereicht hätte, um auf dem gleichen Niveau kicken zu können, war dennoch fragwürdig.

„Also will das Schicksal einfach nicht, dass ich Profi werde – auf der anderen Seite hätte ich mit etwas Glück und einer besseren Vorbereitung sicher eine viel bessere Leistung zeigen können..." So kreisten die unterschiedlichsten Gedanken durch Leos Kopf.

„Hey, geht es dir nicht gut?", riss ihn auf einmal eine männliche Stimme aus seinen Gedanken, als er gerade am Hauptgebäude ankam.

Als Leo hochschaute, traute er seinen Augen nicht: Er war völlig verblüfft, weil der ehemalige Bundes- und Weltmeistertrainer Jogi Löw so unerwartet vor ihm stand!

„Aber...", stotterte Leo völlig durcheinander. „Warum... Was machen Sie hier?", fragte er schließlich und glotzte Jogi Löw an, als wäre dieser ein Außerirdischer.

„Das ist nicht so wichtig. Sag du mir erstmal, warum du so traurig durch die Gegend spazierst", entgegnete der ehemalige Bundestrainer.

„Ich war zum Probetraining hier und bin gar nicht zufrieden mit meiner Leistung. Auch der Trainer meinte, dass die Chancen, in den Kader aufgenommen zu werden, schlecht seien. Aber ich bin schon 16 und spiele noch beim FSV Fernwald...", klagte Leo ihm sein Leid.

„Und du fragst dich jetzt, ob du noch Profi werden kannst, richtig?", vervollständigte Jogi Löw Leos Satz.

„Ja, Herr Löw", sagte Leo, nickte und schaute den Weltmeistertrainer erwartungsvoll an.
„Dann hör mir mal gut zu", begann dieser, obwohl Leo ihm sowieso aufmerksamer als irgend möglich zuhörte. „Jungs wie du gibt es einige. Beziehungsweise gibt es viele Jungen, die ebenfalls Profi werden möchten und hart dafür trainieren. Mit der Zeit wird der Leistungsunterschied zwischen NLZ-Spielern und Spielern aus kleineren Vereinen allerdings immer größer. Somit wird es also auch für dich immer schwieriger, den Sprung zu schaffen, unter anderem deshalb, weil weniger für den Stützpunkt und die NLZ gescoutet wird. Aber hey, das bedeutet noch lange nicht, dass du nicht mehr Profi werden kannst, wenn du noch nicht mit 16 oder sogar 18 in einem NLZ spielst", ermunterte Herr Löw Leo, dessen feuchte Augen wieder leicht zu funkeln anfingen.

„Es ist aber so, dass beim Älterwerden viel mehr Ablenkungen auf dich zukommen. Als Kind hattest du bestimmt nur Fußball im Kopf. Irgendwann möchtest du dich aber vielleicht auf Partys amüsieren, viel mit deinen Freunden unternehmen und so weiter. Wenn du jedoch den Weg zum Profi wählst, wird der Verzicht auf Vergnügungen immer härter. Du kannst dich natürlich ebenfalls amüsieren, wenn du Profi werden möchtest. Aber eben viel eingeschränkter. Wenn du jedes Wochenende feiern gehst und deinen Körper vernachlässigst, ist es schwer bis unmöglich, Profi zu werden. Anders gesagt steigt der Preis, den es zu zahlen gilt, um Profi zu werden, immer weiter, je älter du wirst. Genau aus diesem Grund geben viele auf, was man durchaus nachvollziehen kann. Es kann auch sehr schön sein, mal ein paar Tage nicht zu trainieren, dich mit Freunden gemütlich auf eine Terrasse zu setzen, etwas zu essen oder zu trinken oder dich anders zu amüsieren, ohne ständig an den Fußball denken zu müssen, verstehst du, was ich meine?", erläuterte der Bundestrainer.

Leo nickte und ließ Jogi Löw weiterreden.

„Du machst aber einen Fehler, wenn du denkst, es sei unmöglich, mit 21 oder sogar 27 Jahren noch Profi zu werden. Schau dir mal die Karriere von Miroslav Klose oder Jamie Vardy an. Außerdem sind 17-jährige Stammspieler im Profibereich die Ausnahme. Wenn du jetzt noch zehn Jahre tagtäglich hart an dir arbeitest und fest an deinen Traum glaubst, kann ich mir sogar gut vorstellen, dass dieser noch in Erfüllung geht. Deshalb ist es aber auch wichtig, dass du die Schule ernst nimmst, dein Abitur machst und dich für ein zweites Berufsfeld interessierst. Schließlich kannst du nicht nach deinem Abitur darauf hoffen, genau dann Profi zu werden. Du musst, bis sich deine Entschlossenheit bezahlt macht, selbst für dich sorgen können. Ich denke nicht, dass du deine Eltern noch mit 25 Jahren um Geld fragen möchtest. Schlussendlich ist es keine Schande, wenn man kein Fußballprofi wird. Es gibt außerdem noch zahlreiche Berufe, die mit Fußball zu tun haben. So, jetzt habe ich dir genug erzählt, ich wünsche dir viel Erfolg, junger Mann", beendete Löw seine motivierende Rede, drehte sich um und ging.

„Vielen Dank, Herr Löw", rief Leo ihm hinterher und war völlig überwältigt von dieser einzigartigen Begegnung.

Nachdem Leo auf dem Parkplatz in den silbernen Wagen eingestiegen war, grinste er so breit wie lange nicht mehr und begrüßte seinen Vater, der bereits hinter dem Steuer saß. „Hi, Papa."

„Hat der Trainer dir schon mehr gesagt?", fragte Leos Vater verwundert, der sich den Großteil des Probetrainings angeschaut hatte.

„Er meinte nur, dass ich wahrscheinlich nicht angenommen werde", sagte Leo, als wäre es das Normalste der Welt.

Leos Vater dachte, sein Sohn würde scherzen, und hakte nach: „Jetzt echt, bist du angenommen worden?"

„Nein, und die Wahrscheinlichkeit dafür ist nicht hoch. Aber mir ist Jogi Löw begegnet und ich habe mit ihm gesprochen“, sagte Leo voller Stolz.

„Aha“, erwiderte Leos Vater verblüfft. „Und was habt ihr so gesprochen?“, fragte er.

„Er hat mir viel erklärt und gesagt, dass ich auch noch mit 25 Jahren Profi werden kann, wenn ich felsenfest entschlossen bleibe und tagtäglich hart trainiere“, wiederholte Leo die Worte des ehemaligen DFB-Trainers.

„Aha, da stimme ich Herrn Löw zu. Wenn man langfristig und entschlossen an etwas arbeitet, stehen die Erfolgschancen sehr gut. Hat er denn auch erwähnt, dass du dich in der Schule anstrengen sollst?“, fragte der Vater seinen Sohn, während er den Motor startete.

„Nein“, versuchte Leo, diesen Teil des Gesprächs mit Jogi Löw zu verschweigen, aber er musste kichern, also lachten beide und fuhren gut gelaunt nach Hause.

BONUS

27 INSPIRIERENDE ZITATE VON CR7, LEO MESSI & CO.

Messi:

„Es hat mich 17 Jahre und 114 Tage gekostet, um ‚über Nacht' erfolgreich zu werden."

„Alles, was mir in meiner Karriere passiert ist, war etwas Besonderes, auch in schwierigen Zeiten, weil sie Spuren in dir hinterlassen, die dein Leben prägen."

„Ich bin nie zufrieden. Ich gehe immer an meine Grenzen und versuche, jeden Tag besser zu werden. "

„Es war schwer für mich, weil es eine so große Veränderung war. Ich habe in Argentinien viel zurückgelassen und im Gegensatz zu anderen Kindern, die im Masia leben, habe ich meine Familie kaum jemals besucht. Ich habe sie nur ein- oder zweimal im Jahr gesehen und das war sehr schwer für mich. "

„Es gibt wichtigere Dinge im Leben, als ein Spiel zu gewinnen oder zu verlieren."

„Sie können nicht zulassen, dass Ihr Wunsch, Sieger zu werden, durch Erfolge geschmälert wird, und ich glaube, dass jeder Sportler Verbesserungspotenzial hat."

„Du musst kämpfen, um deinen Traum zu verwirklichen. Man muss dafür viel opfern und hart arbeiten."

CR7:

„Ich habe zwar schon alles gewonnen, was man gewinnen kann. Aber ich werde bis zu meinem Rücktritt alles dafür tun, zu gewinnen. Ich halte zwar eine formschwache Phase für möglich, aber nicht, dass einen das kleinkriegen kann. Mentale Konzentration steht über allem, wenn man seine Ziele wirklich erreichen will. Und der Schlüssel dazu ist, sich genau diese Ziele auch zu setzen.“

„Deine Liebe macht mich stark, dein Hass macht mich unaufhaltsam.“

„Talent ohne harte Arbeit ist nichts.“

„Ich sehe mich selbst als den besten Fußballer der Welt. Wenn du nicht daran glaubst, dass du der Beste bist, dann wirst du niemals das erreichen, wozu du imstande bist.“

„Ich achte nicht auf das, was die Leute über mich erzählen. Ich lese die Zeitungen oder Zeitschriften gar nicht. Es steht ja jedem seine eigene Meinung zu."

„Ich bin jederzeit bereit, dazuzulernen und mir andere Meinungen anzuhören."

„Es ist egal, wo wir spielen oder gegen wen wir spielen. In jeder Partie gehe ich raus auf den Platz, um alles zu geben, um so zu spielen, wie ich es kenne, und um alles nur Mögliche zu tun, um uns den Sieg zu sichern."

„Ich vertraue auf mein Können, das habe ich immer getan."

„Ohne Pause zu reden, ist nicht meine Art. Zu viel zu reden, ist nicht gut für dein Image."

Fußballstars:

„Das Wichtigste ist, nicht zu stagnieren, sondern sich immer zu verbessern.“

Marc-André ter Stegen

„Du hast einen Vorteil im Leben, wenn du dort startest, wo andere zuerst reden.“

Toni Kroos

„Jeden Tag war ich auf der Straße am Spielen und Tricksmachen. Ich kam erst mit 19 in ein NLZ.“

Riyad Mahrez

„Ich möchte einfach jeden Tag besser sein, jeden Tag besser werden, nicht unbedingt besser als jeder andere.“

Neymar Jr.

„Wenn du nicht lebst, isst und atmest wie ein echter Fußballprofi, dann wirst du auch nie einer."

Sergio Ramos

„Ich sagte mir: Auch wenn ich keine Chance habe zu spielen, kann ich hart arbeiten und diese Mentalität habe ich mir beibehalten und sie half mir, ein Bayern-Spieler zu werden."

Serge Gnabry

„Gib nicht auf, egal wie schwer es ist. Auf dem Weg wird es Schwierigkeiten geben, aber je mehr du arbeitest, desto mehr Erfolge wirst du erzielen."

Alphonso Davies

„Ich denke, das Wichtigste im Fußball ist Selbstvertrauen!"

Jack Grealish

„Wir müssen unsere Ziele immer hochstecken, ansonsten kommen wir nicht voran."

Kylian Mbappé

„Fußball ist der größte Sport auf Erden."

Diego Maradona

„Erfolg ist kein Zufall. Es ist harte Arbeit, Ausdauer, Lernen, Studieren, Aufopferung, jedoch vor allem Liebe zu dem, was du tust oder dabei bist zu lernen."

Pelé

SCHLUSSWORT

LIEBE LESERINNEN, LIEBE LESER,

zuallererst hoffe ich, dass du bemerkt hast, dass Bücher und Bildung großartig sein können. Du hattest bisher eventuell den Eindruck, dass Bücher langweilig sind, weil du nur die klassischen Schulbücher aus der Schule kennst. In Büchern kann aber so viel mehr stecken als nur lästige Grammatik oder Vokabeln. Hoffentlich hast du das erkannt.

Ich hoffe außerdem sehr, dass ich dich mit meiner Geschichte inspirieren konnte und dass du erkennen konntest, dass es im Leben nicht immer nur um Fußball geht. Auf keinen Fall soll das aber deinen Ehrgeiz bremsen.

Denn Ehrgeiz, Entschlossenheit, Mut und Glaube zählen zu den wichtigsten Faktoren, wenn es um Erfolg geht. Des Weiteren solltest du durch diese Geschichte verstanden haben, dass Rückschläge ganz normal sind. Im Leben gibt es Höhen und Tiefen genauso wie Tag und Nacht, Ebbe und Flut usw. Meistens ist man nach den Rückschlägen aber sogar noch stärker als vorher. Außerdem gibt es in scheinbar negativen Situationen immer etwas zu lernen, was dich persönlich wachsen lassen kann.

Im Endeffekt entscheidest du über dein Leben. Bitte vergiss eines nie: den Spaß. Sei es auf oder neben dem Fußballplatz. Das Leben ist zu kurz, um bloß zu existieren, es muss gelebt werden! Aber auch genau dieses nicht unendliche Leben, beziehungsweise diese Vergänglichkeit machen das Leben umso wertvoller.

ICH WÜNSCHE DIR EIN ERFÜLLTES LEBEN!
DEIN MATHIS

Quellenangaben:

https://victor-mochere.com/de/best-quotes-from-lionel-messi
https://www.myzitate.de/cristiano-ronaldo/
https://www.instagram.com/missionfussball/

Haftungsausschluss

Der Autor übernimmt keinerlei Gewähr für die Aktualität, Korrektheit, Vollständigkeit oder Qualität der bereitge- stellten Informationen und weiteren Informationen. Haftungsansprüche gegen den Autor, welche sich auf Schä- den materieller oder ideeller Art beziehen, die durch die Nutzung oder Nichtnutzung der dargebotenen Infor- mationen bzw. durch die Nutzung fehlerhafter und unvollständiger Informationen verursacht wurden, sind grundsätzlich ausgeschlossen, sofern seitens des Autors kein nachweislich vorsätzliches oder grob fahrlässiges Verschulden vorliegt. Alle Angaben wurden vom Autor mit größter Sorgfalt und nach bestem Wissen und Ge- wissen recherchiert oder spiegeln seine eigene Meinung wider. Der Inhalt des Buches passt möglicherweise nicht zu jedem Leser und die Umsetzung erfolgt ausdrücklich auf eigenes Risiko. Es gibt keine Garantie dafür, dass alles genau so, bei jedem Leser, zu genau den gleichen Ergebnissen führt. Der Autor und/oder Herausge- ber kann für etwaige Schäden jedweder Art aus keinem Rechtsgrund eine Haftung übernehmen.
Der Autor hat bei der Erstellung dieses Buches sämtliche Informationen und Ratschläge mit Sorgfalt recher- chiert und geprüft. Sie ersetzen jedoch keinen medizinischen Rat. Daher erfolgen alle Angaben ohne Gewähr. Verlag und Autor übernehmen keine Haftung für Schäden oder Nachteile, die sich aus der Umsetzung der in diesem Buch dargestellten Inhalte ergeben. Der Leser erkennt dies an. Sollten Sie unter Erkrankungen leiden oder sich unsicher sein, ob die Informationen und Techniken, aus diesem Buch, auch für Sie geeignet sind, dann suchen Sie vorab bitte unbedingt einen erfahrenen Arzt oder Heilpraktiker auf.

Urheberrecht

Impressum

Autor: Bartholmy Mathis
Lektoren/Korrekturleser: Farah Firoozehchian,
Layout: Jana Schumann

Coverdesigner: Irfan Budi

Kontakt:
Bartholmy Mathis
10, op Grisel
L-7421 Cruchten
Luxemburg

Printed in Germany
by Amazon Distribution
GmbH, Leipzig

30339324R00079